未来をはじめる

「人と一緒にいること」の政治学

宇野重規

東京大学出版会

Beginning Future:
The Politics of "Being Together"
Shigeki Uno
University of Tokyo Press, 2018
ISBN978-4-13-033108-1

はじめに

本書の元になったのは、東京都豊島区にある豊島岡女子学園中学校・高等学校において行われた全五回の講義です。この講義は二〇一七年の五月に始まり、月一回のペースで開催されました。

その頃、世界では先行きの不透明感を増すような出来事が続いていました。前年のイギリスにおけるブレグジット（国民投票によるEU（欧州連合）からの離脱の決定）に続き、この年、アメリカでは「アメリカ・ファースト」を唱えるトランプ大統領の政権が始動しています。アジアでも、韓国では朴槿恵《パク・クネ》大統領の罷免が決定し、北朝鮮による核実験が続くなど、「これから世界はどうなっていくのだろう」という不安が募っていました。講義は、このような時代の雰囲気を背景になされました。

とはいえ、講義の目的は、時局的な国際政治の解説ではありません。確かに時代の変化は加速し、世界は大きく変容しつつあります。それでも、人間にとっての基本的条件はそう大きくは変わらないのではないでしょうか。その基本的条件とは「人と一緒にいる」ことです。

「人と一緒にいる」のは素晴らしいことであると同時に、時としてつらいことでもあります。自分とまったく同じ人間は、世界のどこにもいません。当然、人と人には、いつも「違い」があります。「違い」があるからこそ、人と一緒にいることはおもしろいし、楽しいけれど、時には対立が起き、すれ違いが生じます。

講義では、このような基本的感覚からスタートして、「政治」というものを考えてみようとしました。相手は中学生、高校生です。おそらく、人生の中でも最も多感な時期、言い換えれば、人と人の関係に喜び、傷ついている年頃でしょう。

本文中にも出てきますが、現代の若者は、人を傷つけたくもないし、逆に傷つけられたくもないと強く願っていると言われます。そんな彼ら彼女でも、中学生、高校生の時期には、否応なく同世代の男女と、きわめて近接した空間において、同じ時を過ごします。当然、摩擦も生じるでしょう。そういう中学生、高校生に「政治」というものを考えてほしいと思って、この講義をしました。

本をつくるにあたっては、このような講義の感覚を生かしつつ、さらに幅広い世代の人に政治を問い直すきっかけを提供することを意図しました。自分では、人間関係を巧みに処理し、摩擦や対立をやり過ごす術を心得ていると思っている大人の人にも、この本を読んでほしいと思います。きっと、「人と一緒にいる」ことの素晴らしさとつらさを、改めて考えるきっかけになるはずです。

その上で、自分が自分らしくありつつ、人と共に生きるとはどういうことか、そしてそのことが「政治」といかに結びついているかを考えていただければ、本書の著者としてこれに優る喜びはありません。

「未来をはじめる」というタイトルについても、一言申し上げておきたいと思います。二〇世紀前半から中盤にかけて活躍した異端的なマルクス主義哲学者に、エルンスト・ブロッホという人物がいます。彼は『希望の原理』（全六巻、白水社、二〇一二―二〇一三年／原著一九五九年）という本を、ナチスドイツが権力を握った、いわばユダヤ系ドイツ人にとっての絶望の淵にあった時期に書いています。彼に言わせれば、希望とは「まだ―ない」ものです。「もはや―ない」過去の記憶が人を突き動かすように、「まだ―ない」未来への希望こそが、人や社会を変えていくというのです。

おそらく私たちにとっての未来は、社会の中にすでに存在しているのです。それを私たちは無意識のうちに感じ取っていますが、それが何か、まだはっきりと言い表すことができません。にもかかわらず、そのような未来への希望は、間違いなく私たちを動かし、社会を変えていきます。この本のねらいを一言でいえば、私たちの中に潜在しながら、私たちの目にそれとして明確化していない何か、それを少しでも言語として表現することにあります。

このような「まだ―ない」未来への希望を、少しずつではあれ、形にして、実現していく。そのような種を、まさにこれからの社会を担うべき人々の元に届けたい。政治学の入門書とも、社会科学のイントロダクションとも言えない、この不思議な本を形にするのは、そのような思いによるということを、ここで申し上げておきたいと思います。

「未来をはじめる」というミッションを、共に担っていただける仲間にこの本を捧げたいと思います。

未来をはじめる　目次

第2講 働くこと、生きること 61

第3講 人と一緒にいることの意味 125

第4講

第1講

変わりゆく世界と〈私〉

1 世界はお先真っ暗？

こんにちは。これから五回の講義で、「政治って何なのだろうか」というお話をします。高校の現代社会や政治経済の教科書には、議院内閣制がどうとか、小選挙区制がどうとか、いろいろ難しいことが書いてあるでしょう。ああいう話はあまりしません。むしろみなさんがこれから生きていく上で、仕事をするとか家庭を営むとか、隣の人と喧嘩してしまったとか、世界で起きるいろいろな出来事に対してどうしていけばよいかを考えてもらいます。僕はそちらの方が、よほど政治だと思うのです。

政治とは本来、互いに異なる人たちが共に暮らしていくために発展してきたものです。世の中の人たちがみんな同じように考えたり、行動したりするならば、その間に調整の必要はありません。政治など、不要な営みでしょう。しかしながら、現実にはすぐそばにいる人とでも、意見や利害の対立が起こることがあります。そんなときにどうしたら良いのでしょうか。直接交渉して和解や妥協をはかることもあれば、それがエスカレートして喧嘩や紛争になることもあるでしょう。場合によっては、第三者に間に立って調停してもらうことがあるかもしれません。いずれにせよ、社会を運営していくためには、どうしても政治を免れることはできないのです。

このような政治について、どのように考え、どう対応すればいいのか。抽象論ばかりでなく、なるべくみなさんの実感に沿った議論をしていければと思います。

ですから、みなさんもぜひ協力してください。どうぞよろしくお願いします。

さて、みなさんが事前に書いてくれた政治に対するイメージを読みました。意外と政治に関心を持っているようで偉いなあと思ったけれど、「まだ政治ってよくわかんないよね」みたいなことを正直に書いている人も多いですね。どうです、政治って身近に感じますか？

――まだ選挙権とかもないし……。

一八歳選挙権になったとはいえ、そうだよね。どうですか、政治を身近に感じることありますか？

――うーん……。

ないよね。僕の中三の息子だって、政治のことを聞いても「知らない」。こうこうだよ、と説明しても「まあ、別に」とか。野球の話ならいくらでもしてくれますが、政治の話になると「関係ない」という感じです。でもそういう政治に対する考え方を少しでいいから変えてほしい。

初回は何をやろうかなと思ったのですが、国際政治に関心がある人も多いですよね。

「ちょっと世界、大丈夫なの」とみなさん思っているでしょう。アメリカにはほら、変なおじさんが……。あとでも出てきますが、あんな、いかにも危なっかしそうな人が大統領になるなんてね。

同じ二〇一六年に、イギリスが国民投票によってEU（欧州連合）から離脱しました。このブレグジット（Brexit）と呼ばれる出来事にもすごく驚かされました。これから世界がますます統合し、結びついていこうかというときに、まさかEUを支えてきたイギリスがそういう判断をするとは思わなかった。EUというのはご存知のとおり、「二度の世界大戦がヨーロッパで起きてしまった。もう二度とヨーロッパから世界大戦を起こすことがないように、みんなで団結していこう」ということでつくったものです。そこからイギリスが降りるというのですから、本当にびっくりしました。

二〇一七年もいろいろありましたよね。フランスでは大統領選がありました。三九歳と若いマクロンが大統領になったけれど、国民戦線という極右と呼ばれる政党のルペン候補が勝つかもしれないと、ずいぶん騒ぎになりました。メーデーには、ルペンを批判する人々がデモ行進し、国民戦線も対抗するなど、緊張が高まりました。お隣の韓国も、朴槿恵《パク・クネ》大統領（当時）が弾劾されるなど、政治的な混乱が続きました。

しかも、北朝鮮がいつ核ミサイルを飛ばしてくるかわからない。昔の北朝鮮のミサイルは撃っても当たらないだろうと言われていましたが、最近は技術が向上し、精度も良くなって、緊張が高まっています。アメリカを含む近隣諸国の力で何とか核実験を停止させようとしていますが、その行方はわかりません。

いきなり深刻になってしまいましたね。でもみなさんが、とても大変な時代を生きていることは間違いありません。みなさんの現在の社会のイメージも、ちょっと暗いのではないかな、というところから話を始めたいと思います。

日本はどうでしょうか。もう長い間、経済停滞が続いています。「失われた一〇年」と言われていたのは過去の話で、いまや「失われた二〇年」、あるいはさらに、「失われた三〇年」に近づいています。この調子でいくと、いったい何年失われるのでしょう。みなさんの人生はすっぽりこの「失われた時間」の中に入ってしまうわけです。景気回復の声もありますが、実際には、なかなかそのように感じられません。

少子高齢化も進んでいます。財政赤字も膨らんでいます。借金がどんどんどんどん増えている。気の毒なことに、みなさんは生まれながらに一人あたり数百万円の借金を背負っている計算になります。生まれた瞬間から、借金状態。しかもそれが毎日増えているのです。

日本政府の歳出入を年収六〇〇万円の家庭にたとえてみましょう。この家庭、毎年いくらくらいお金を使っていると思いますか?

——1億円!

年収六〇〇万円で一億円の支出は無理だと思うなあ……。

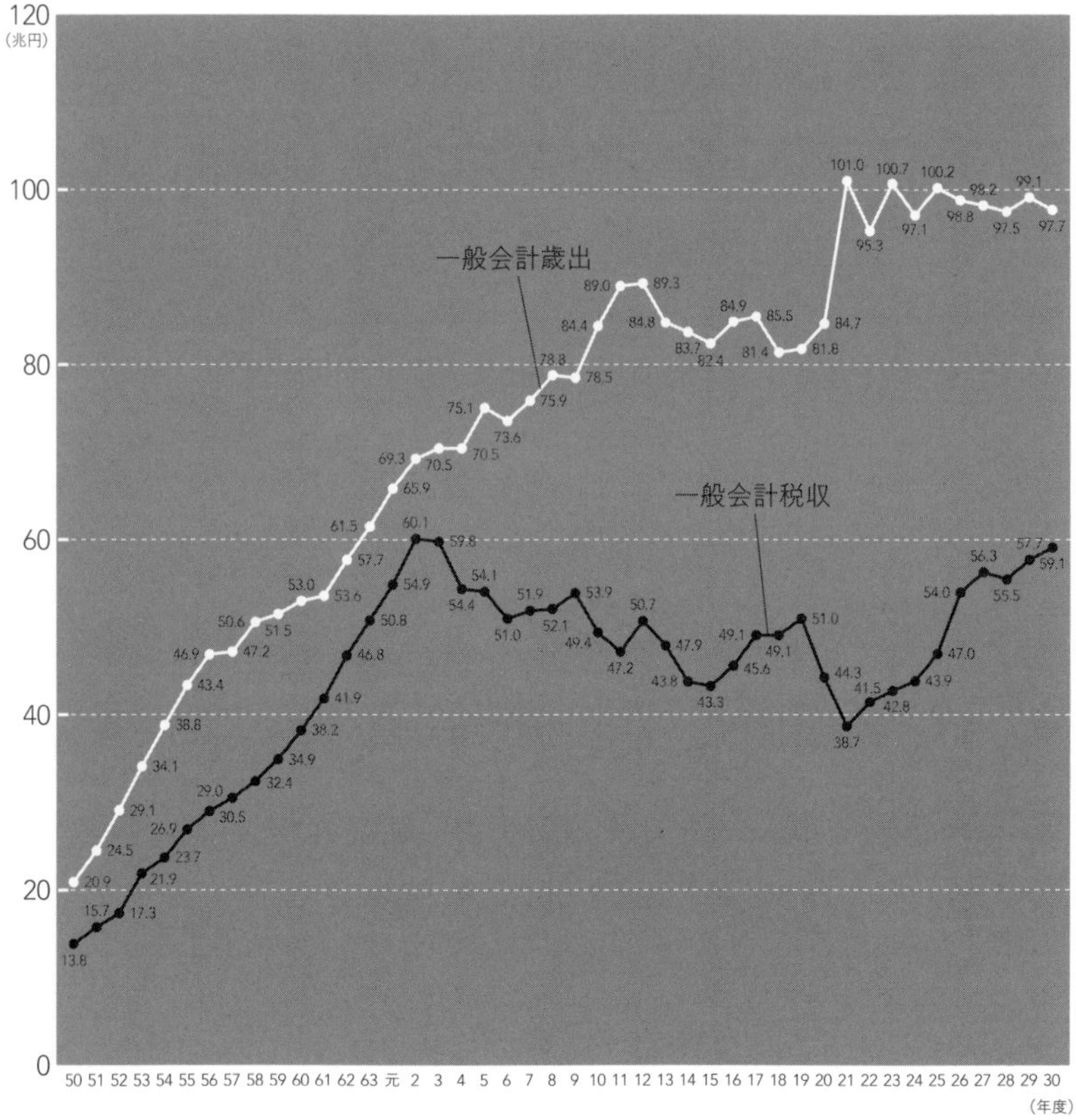

※平成 28 年度までは決算、平成 29 年度は補正予算、平成 30 年度は予算。

[図 1-1]一般会計における歳出・歳入の状況（財務省「日本の財政関係資料」平成 30 年 3 月より）

わが国の財政は歳出が歳入（税収）を上回る状況が続いています。特に、平成 20 年度以降、景気悪化に伴う税収の減少等により歳出と歳入の差額が拡大し、その差は借金である国債の発行によって賄われています。

いま、年間支出が一〇〇〇万円くらいでしょうか。その差額が借金になっているわけです。

——えー。

毎年四〇〇万円の赤字が溜まっていっている計算です。そのような借金が累積して九〇〇〇万円近くになっています。なんだか暗いですよね。もちろん、政府と家計は根本的に性質が違います。政府の場合は、必要ならば増税すればいいわけです。その意味で、この比喩は適切ではないのですが、支出が増える一方、増税もできずにいる日本政府の状況は、六〇〇万円の収入で一〇〇〇万円を支出し、その差額が借金になっている家庭に似ているところがあります。

そして世界では、テロが横行しています。フランスで起きたシャルリー・エブド事件を覚えていますか。週刊風刺新聞の本社に、イスラム過激派のテロリストが乱入した事件です。その後に、パリで同時多発テロもありましたよね。フランスだけではありません。いまでも世界の各地でテロが頻発しています。これは宗教的な理由ばかりではなく、むしろ世界中に格差が拡大するなか、その不満が爆発しているという指摘もあります。

これまではアメリカが世界の安定を支えていると言われてきました。それが、トランプ大統領の出現によって、アメリカという国自体が不安定要因になってしまいました。そうすると、「あれ、世界はなんか危ないかな」という感じになってしまいますよね。どうですか、みなさんは世界の行方について明るいイメージを持っていますか。それとも、暗いイメージを持っていますか？

——暗い！

というか、僕も議論を誘導しているよね（笑）。そこで、この講義ではそんな暗いイメージのままでいいのか、ということを少し考えてもらいたいと思います。

というのも、いまの時代、とかく悲観的な展望が語られ、「そういう状況だから、若いみなさんが頑張ってください」という感じの議論があまりに多いからです。みなさんにはもちろん頑張ってほしいけれど、そんなに言うなら、もっと上の世代の人にも頑張ってほしいですよね。そもそも、そんなことを言われても、元気が出てきません。

2 未来予測は、けっこう外れる

ジャパン・アズ・ナンバー・ワン幻想

最初にお伝えしたいのは、多くの未来予測は外れるということです。あまり、あてにならないのです。

みなさん、『バック・トゥ・ザ・フューチャー』という映画を、ご覧になったことがありますか。僕はこの映画がけっこう好きなのです。パート1から3まであって、パート1がつくられたのが一九八五年、パート2が一九八九年です。パート1では主人公たちが三〇年前、一九五五年の世界に飛び込んでいきます。パート2では逆に、三〇年後の未来に向かいます。この三〇年後というのが二〇一五年なのです。ちょうど今頃のことを予測していたというわけですね。

この一九八九年当時における二〇一五年の予想ですが、いま見るとおかしなところがたくさんあります。予想があたった部分もあれば、外れた部分もあります。ところで、この三〇年後の世界において、映画の主人公の上司が日本人という設定なのです。名前が、フジツウ・イトウ。何だか「やれやれ」と言いたくなる名前ですね。「イトウ」はともかく、「フジツウ」というのは、人の名前と企業の名前がごっちゃになっていますね。いずれにせよ、日本を想起しやすい名前だったのでしょう。

これが一九八九年当時の世界のイメージだったのです。一九八五年のプラザ合意以降、日本経済はバブル期に向かいます。日本企業がニューヨークのロックフェラー・センターを買収したことも話題になりました。世界一のお金持ちは日本というイメージが広まります。山手線の内側の土地の総額だけで、アメリカの土地を全部買えるなんていう話もありました。

――あはははは！

笑わないでください。僕たちの世代はそういう感覚で過ごしてきたのです。これからは日本だ、と。ちなみに、一九七九年には、アメリカの社会学者エズラ・ヴォーゲルの『ジャパン・アズ・ナンバーワン』という本が日本でベストセラーになりました。この本のねらいはむしろ、アメリカ企業に対する警告にありました。日本はそのための材料に過ぎません。ところが、日本の多くの読者はこの本のタイトルをそのまま受け取ってしまいます。日本はナンバーワンだ、何だかすごいなあ、と無邪気に思ってしまったのです。このあたりから日本の迷走が始まったように思えてなりません。

映画に話を戻すと、この映画では、二〇一五年に偉そうな日本人上司が出てきて、主人公に「お前は、クビだ」と宣告する。これが一九八九年当時の日本のイメージでした。いまから考えると不思議な気がしてきますが、あの当時は「そういうこともありうるな」という気分になっていたのです。現実の二〇一五年の日本では、「安心してください」（とにかく明るい安村）が流行語になっていました。みんなが浮き足立つなか、「とにかく明るく」と言わざるをえなかったのです。ずいぶん予想と違いましたね。

あたることもあるけれど

それでも、『バック・トゥ・ザ・フューチャー』にはあたっているところもあります。

映画では、主人公のライバルにビフという悪役が登場しますが、彼が二〇一五年の世界では金持ちになっているのです。タワーを作ってホテル王になり、あちこちで威張りまくっている。当時のトランプがモデルですよね。もちろん、このときは冗談でした。

でもある意味で言えば、一九八九年の段階で、トランプタワーをつくったおじさんが世界を牛耳ることになるのを予測していたことになります。そうだとすれば、大正解でした。本当に世の中わかりませんね。

ちなみにレーガン元大統領って、みなさん聞いたことありますか。アメリカでは「レーガン革命」を成し遂げた歴史に名の残る大統領とも言われています。この映画のパート1には、一九五五年の世界で主人公が「レーガンは大統領になるぜ」と言って、みんなから「冗談だろう」と笑われるシーンがあります。なぜでしょう。一九五五年当時、レーガンはまだ映画俳優だったのです。それもB級映画にしか出ない、明らかにスターとはほど遠い俳優というイメージだったのです。そしてまさにこのB級映画俳優が実際、三〇年後にはアメリカの大統領になった

わけです。このギャップを映画では意図的にジョークにしているのですが、ことほど左様に、三〇年後のことを想像するのは困難です。無理に予測したところで、けっこう外れる。だからどんなに先行き暗いことばかりのように思えても、実際はわからないのだということを、最初に強調しておきたいと思います。

フランシス・フクヤマの誤算

それではこの人を、知っていますか。フランシス・フクヤマという日系アメリカ人の政治学者です。冷戦が終わったときに彼はアメリカの国務省にいたのですが、「歴史の終わり?」という論文を書いて論争になりました。これを後に『歴史の終わりと最後の人間』という本にしました。「歴史の終わり」と言われて、何か想像つきますか。ある一つの時代が終わるとしても、そこで歴史が全部終わりなんて変ですよね。でも、この本の元になる論文が書かれたのは一九八九年です。冷戦が終わり、ベルリンの壁が崩壊した年です（この出来事も直前まで予想した人はほとんどいませんでした！）。記録映像で見たことがあるでしょう。それまで東西ベルリンを隔てていた壁が、一気に崩壊してしまったのです。それから、東欧諸国やソビエト連邦（ソ連）の社会主義体制が急激に崩壊していきます。この年に、フランシス・フクヤマは、「もう歴史は終わった」と書いたのです。でも、なぜ歴史は終わ

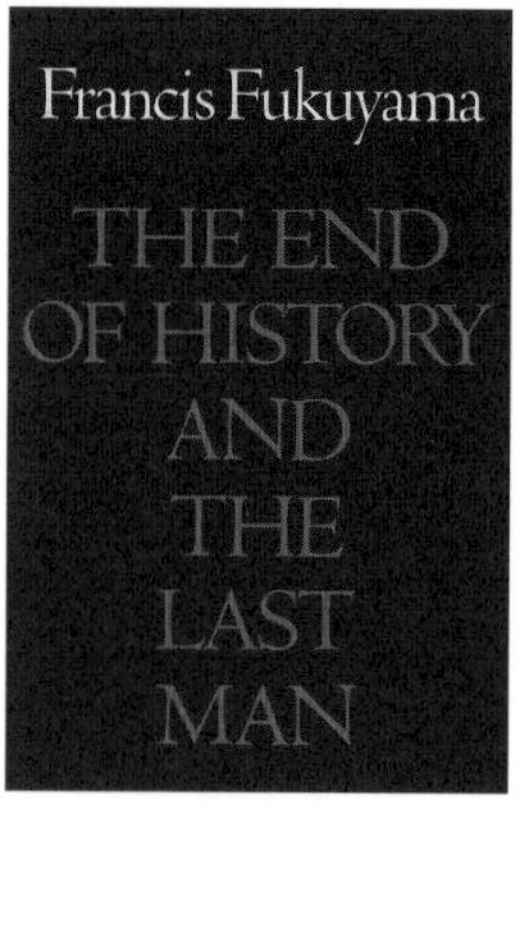

冷戦終焉にあたって、フランシス・フクヤマは『歴史の終わりと最後の人間』（1992）を発表。自由民主主義体制が最終的に勝利し、もはや体制選択をめぐる争いに決着がついたと書いた。今日もなお論争を呼ぶ。

ったと言えるのでしょう?

――もう戦争は起きないから。

そうですね。それ以前は、アメリカとソ連が核兵器を持っていて、核戦争が起きる危険性がつねにありました。でも冷戦が終結したら、「もう核戦争は起きないだろう。これからは資本主義と社会主義の対立もない。つまり、世の中において肝心な議論はもう全部終わったのだ。これから先の歴史は淡々と進むにちがいない。だから、これからはとくに大きな事件は起きないだろう」といったことをフクヤマの本を読んで、みんな思ったのです(実を言うと、フクヤマはもうちょっと複雑なことを書いていたのですが、それはともかくとして)。どうでしょう、この予想はあたったのかな。……外れたよね。

あたっている部分もないわけではないのです。これからは自由民主主義と市場経済を全面的に否定するのは難しい。どれだけ問題があるとしても、その枠内でどうにかしていくしかない。その意味ではあたっているかもしれないけれど、今後大きな事件は起きないという意味では、予測は外れたと思うわけです。僕はそのことを二〇〇一年九月一一日のアメリカ同時多発テロ事件のときに痛感しました。そのときフランスにいたのですが、次はパリも狙われるかもしれないという騒然とした雰囲気の中で、「ああ、いま世界は大きく変動し始めている。その転換点に自分たちはいるのだな」と思いました。

ネグリとハートの誤算

フクヤマの「歴史の終わり？」が大きく話題になったのに続き、二〇〇〇年に世界的ベストセラーになった本があります。アントニオ・ネグリとマイケル・ハートが書いた『〈帝国〉』（以文社）という本です。「帝国」というと、みなさん何を思い浮かべますか？

――ローマ帝国！

そうだよね。でもこれは二〇〇〇年のベストセラー。なぜ帝国なんていう言葉がはやったのだろう。誰か皇帝でも現れるのかな。

これは要するに、冷戦が終わって超大国と呼ばれるのはもはやアメリカだけになり、グローバルな資本のもとに世界はどんどん一体化しているということを強調した本です。主権国家に分かれていた時代は終わりを告げ、世界は一つの秩序にまとまっていく。それを「帝国」と言ったのです。もちろん、完全に世界は一体になるわけではなく、それに抵抗しようとする勢力も残るでしょう。でもそれは、いわばローマ帝国の外にいる「蛮族」と同じで、世界的な秩序に従わない例外的な存在に過ぎないというわけです。

どうでしょう。この予測はあたりましたか。世界は一体になったのでしょうか。もう国家の意味はなくなってしまったと思いますか。……まだ国家はありますよね。むしろその存在感はより強

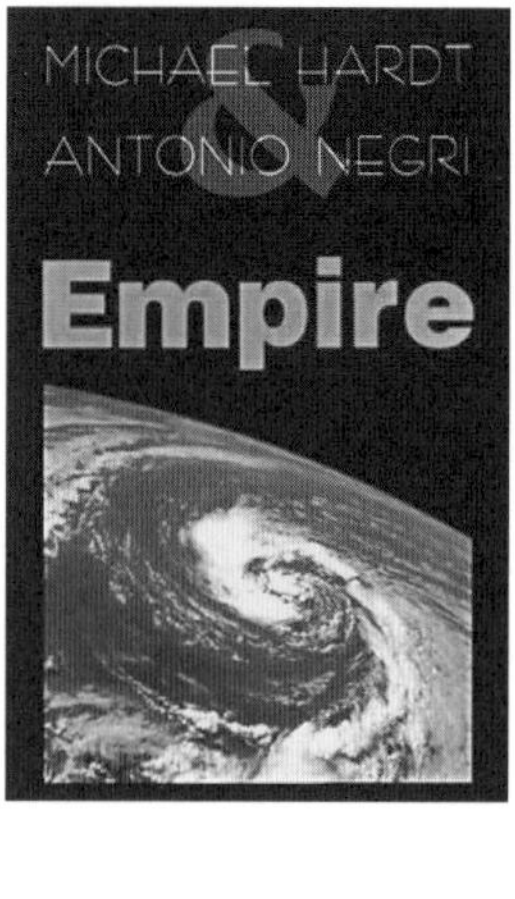

2000年には、アントニオ・ネグリとマイケル・ハートの『〈帝国〉』が話題に。唯一の超大国アメリカと国境なき時代の到来を告げるものとして受け止められる。

くなっているかもしれません。ブレグジットの決断をしたイギリスの人たちは、EUという地域的秩序からでさえ、「もう出る」と言い出したのですから。国家はやはり、なかなかなくなりません。それを考えると、『〈帝国〉』の予言も早まったのかもしれません。

ですからやはり、「未来の予測はけっこう外れる」のです。そして現在の「当たり前」は、意外と新しい。ちょっと前の常識のことを、僕らはすぐに忘れてしまうのです。そのために、前からずっとこうだったのだろうと思いがちです。しかしながら、僕たちの常識自体が激しく変化しているのが現代という時代です。たとえば、いまみなさんは、世界はテロだらけで不安定と言っていますが、これも割と最近の感覚です。ついこの間までは、必ずしも当たり前ではなかったのです。テロすら当たり前に感じられる現在は、ある意味でとても不幸な事態です。ですからどうかそれに慣れてしまわないでください。

いずれにせよ、思い込みを捨てて、なるべく長い射程で物事を考えてみようというのが、この講義の趣旨です。

要するに

- 未来の予測はけっこう外れる
- 現在の「当たり前」は意外と新しい
- 思い込みを捨てて、長い射程でみてみよう

3 変わりゆく世界のイメージ

現代世界をどう見るか

それでは、以上を前提に、もう一度世界を考えてみましょう。

これは聞いたことあるでしょう。現在、わずか世界の人口一パーセントの最富裕層がすべての富の半分を所有しています。これに対し、世界中で九人に一人は慢性的な栄養不足の状態にあり、飢餓に瀕しています。これは格差社会であり、グローバリズムとは結局のところ、一握りの金持ちを生み出すだけではないか——。

みなさんもきっとそう思っているでしょう。それはけっして間違っていません。さすがに世界の政財界のトップリーダーとされる人たちが集まるダボス会議でも、「いくらなんでもこれはまずいのではないか」という議論になりました。

ところで、世界の人口は現在約七三億人ですが、いまだに増え続けています。今後、どれくらいまで人口は増えると思いますか。

予測はさまざまですが、一〇〇億を超えるとも言われています。ちなみに、僕らが子どもの頃、学校では四〇億と習いました。さらにその前、「ウルトラマン」という特撮のテレビ・シリーズがありました。これにバルタン星人というのが出てくるのですが、よくよく聞いてみると、彼らなりに切迫した事情があるのです。どうやら彼らの星が住めなくなったようで、集団で地球に移住したいというのです。これに対し地球人たちは何と答えたでしょうか。「地球には二二億人の人間がいるんだ、バルタン星人なんか受け入れる余地はない!」と答えたのです。いま考えれば心が狭いですよね。二二億人しか人口がなかったのですから。

ちなみに、世界の人口のうち、現在ではアジアが六割を占めています。中国が一人っ子政策により人口抑制政策をとっていましたが(二〇一五年に廃止)、インドは今後もさらに人口が増えると予測されています。世界の人口は爆発し、水や食料不足、環境破壊もさらに深刻です。どうしたらよいのでしょうか。このような深刻な事態に対し、どう向き合っていくべきでしょうか。

[図1-4]世界の大地域別人口(2015年)

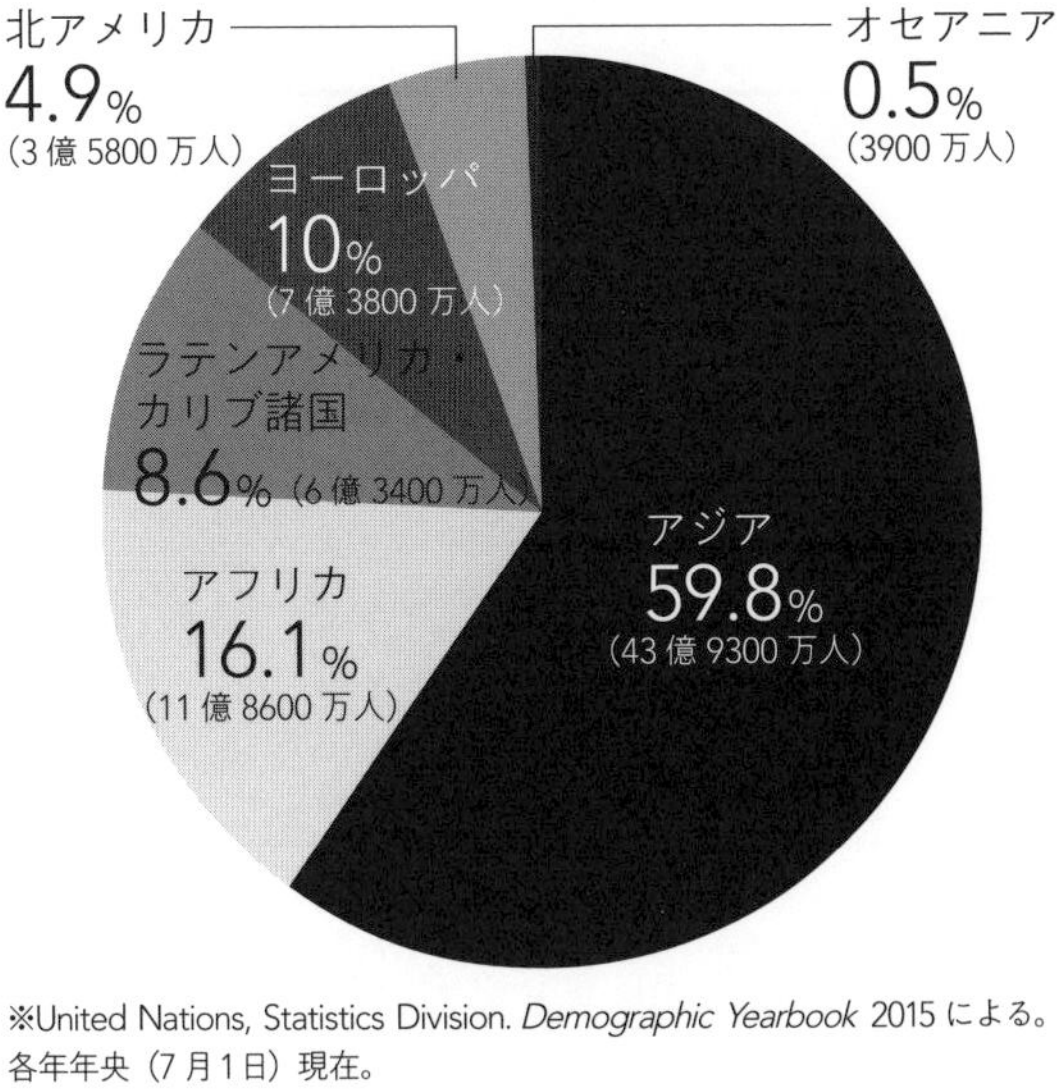

※United Nations, Statistics Division. *Demographic Yearbook* 2015による。
各年年央(7月1日)現在。

先進国と新興国は近づいている

明るい話になるかと思いましたが、また暗くなってしまいましたね。この先どうして生きていこう、そうみなさんも思われるでしょう。でも、ただ深刻だというのとは、少し違う見え方もあるように思います。

たとえば世界の平均寿命です。一九五〇年以降、世界の平均寿命は一〇年ごとに三年延びています［図1-5］。二〇〇〇年以降も、アフリカを含めて著しい平均寿命の延びが見られ、アフリカとヨーロッパの差も縮んでいます。一人あたりのGDPも一貫して増加しています［図1-6］。これまでの話からすると、世界はいま、一部の人だけが金持ちになり、残りの多くが貧困に陥っているように思いますよね。ところがあくまで平均の上での話ですが、寿命も、一人あたりのGDPも伸び続けているのです。

一つ大きいのは、中国やインドを含めた新興国のミドルクラス（中間層）が急激に増加していることです。世界の富裕層と貧困層が存在することは厳然とした事実ですが、一方で、世界全体で見ればミドルクラスが増加しているのです。結果として、かつては世界のごく一部の先進国が富を独占し、世界を動かしていると言われていたのが、いまや先進国とそれ以外の差は急速に縮まりつつあります。

たとえば中国は、いまでも世界第二位の経済大国であり、まもなく世界一位になると予想されています。さらに、インドがものすごい勢いで成長しています。お金持ちの人数だけで比べれば、中国の方が日本よりもはるかに多い。もはや一部の先進国だけの時代は終

[図 1-5] 地域別の出生時平均余命の推移（1975-2015 推計、2015-2050 予測）

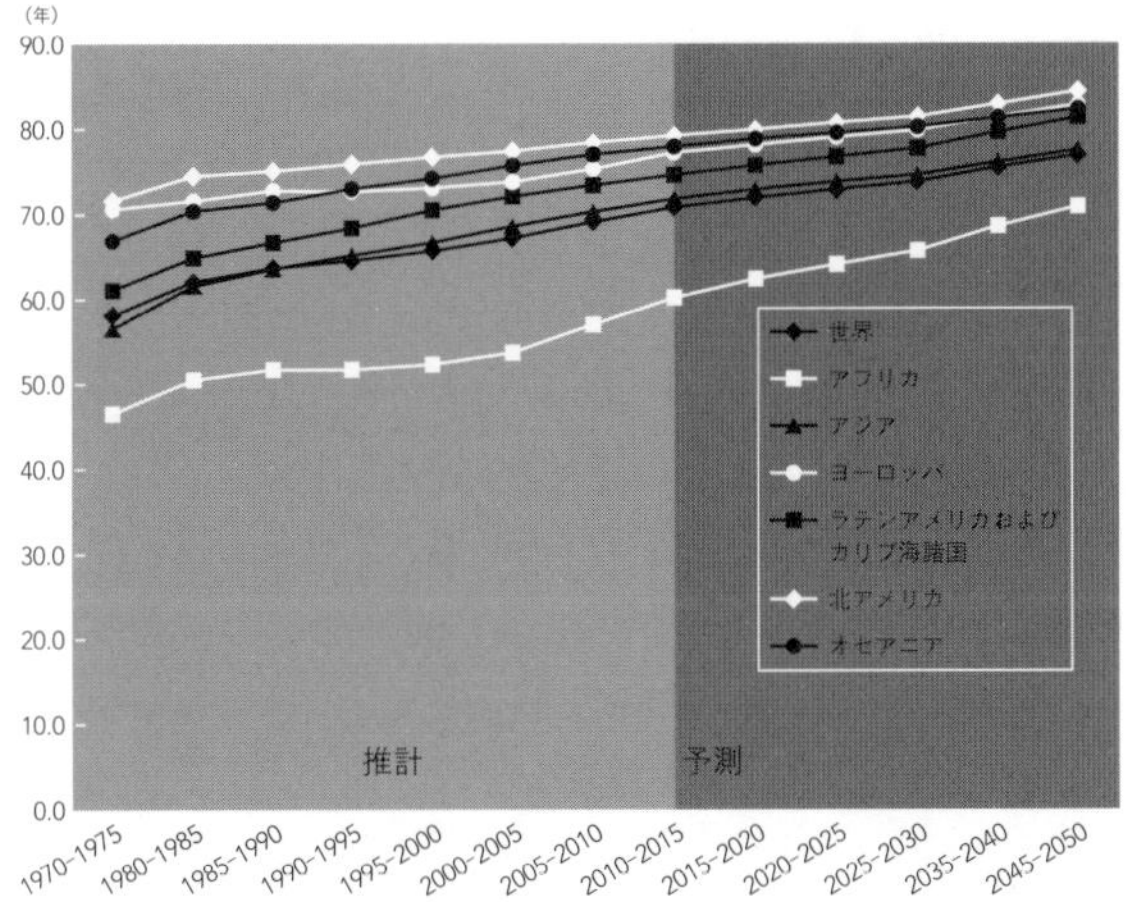

※United Nations, Department of Economic and Social Affairs, Population Division (2017). *World Population Prospects: The 2017 Revision*. New York: United Nations.

[図 1-6] 一人あたりの名目 GDP 世界平均の推移（1970-2016）

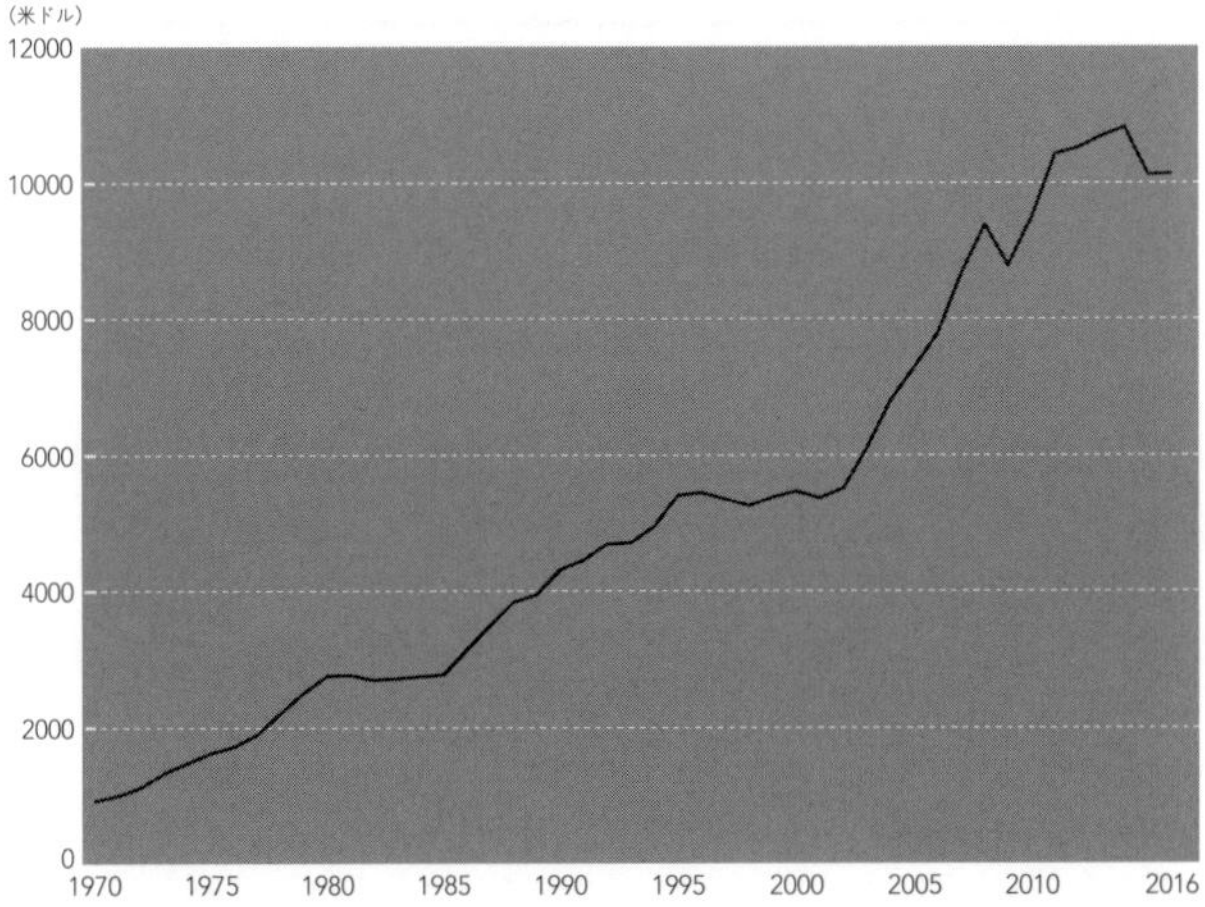

※United Nations, Statistics Division. *National Accounts Main Aggregates Database* より作成。

わったと言えます。それなりに豊かに暮らしている中間層は世界中で増えているのです。その意味で、先進国と新興国の差は縮んできています。

東南アジアが少子高齢化

先ほどお話ししたように、世界の人口の半分以上を占めるのがアジアです。でも、いまアジアでは、急速に少子高齢化が進んでいます。中国でも、一人っ子政策を長く続けた結果、人口増加にブレーキがかかり、少子高齢化が進んでいます。インドはまだ若い人の数が多いのですが、意外なことに、東南アジアでも急速に少子高齢化が進みつつあります。

東南アジアでどうして少子高齢化が進むのでしょうか。おもしろいなと思うのですが、やはりそれは都市化が進んでいることと関係があります。いま、世界で二人に一人以上は、都市に暮らしています。これもちょっと意外ですよね。みなさん、世界の大半の人は砂漠の中とか、都市の文明とは離れたところで暮らしていると思っていませんか。そんなことはありません。二人に一人は都市生活をしています。そしてその多くの都市において、伝統的な生活スタイルが変化するなかで、出生率が低下し、寿命は延びている。少子高齢化が進んでいるのです。そして世界で最も少子高齢化が進んでいるのは、言うまでもなく日本です。

ところで、人生一〇〇年時代が来るって知っていますか。

みなさんは二〇〇〇年以降生まれですよね。日本で二〇〇〇年以降に生まれた人が一〇

○歳以上まで生きる確率はどれくらいでしょうね？

――三〇パーセント？

――四〇パーセント？

――六〇パーセント？

――二人に一人！

そうですね、五〇パーセントが正解です。みなさん想像してみてください、自分が一〇〇歳になるところを。

しかも、これは男女合わせての数字だから、一般的に言えば、女性のほうが長生きする。つまりみなさんのうち、二人に一人以上が一〇〇歳まで生きることになります（カリフォルニア大学／マックス・プランク研究所 Human Mortality Database より）。

だからみなさん、あんまり短いスパンで考えてはいけませんよ。「この一年間で私の人生が決まる」なんてすぐに言うけれど、なかなか決まらないのです。良きにつけ悪しきにつけ、人生は長いのです。六〇歳を過ぎて、「ああもう退職だ、老後だ」なんて言っていると、実はそこから先がものすごく長い。

だから落ち着いて考えてください。人生をあまり早く駆け抜けて、「自分にはこれしかない」と多くの可能性を切り捨ててしまうと、年を取ってからやることがなくなってしまうかもしれませんよ。人生一〇〇年かけて何をやろうか、何をして楽しんでいこうかと考えるくらいの長いビジョンを持たないと、とてもではないけれど、人生一〇〇年は生きられません。

世界中で、平均寿命が延びていることについては、先ほど触れました。ところで、人間も動物である以上、やはり寿命に限界があると思いますよね。かつては、一〇〇歳が限度ではないかと言われていましたが、ずっと前に超えてしまいました。日本政府は一〇〇歳を超えた人を表彰しているのですが、最近はその数があまりに増えてしまって、記念品を贈るのも大変になってきているそうです。二人に一人が一〇〇歳になる時代がきたら、とても記念品どころではありませんね。

だからイメージを変えてほしいのです。世界にいまだ巨大な貧富の差があるのは間違いないのですが、一方で人々の平均所得も平均寿命も延び続けているのです。ある程度お金を自由にできるミドルクラスの数も急激に増えています。

いま街中を見ればわかりますよね。外国人旅行者がいたるところにいます。どの観光地に行っても、世界中からのお客さんであふれています。僕らの世代からしたら、考えられないくらいです。昔、海外旅行は高価なものであり、一生の間でも特別な出来事でした。それがいまでは、日本人が世界に簡単に出かけるだけでなく、世界からの観光客が日本の各地にあふれている。これもまた事実なのです。一方的にみんなが貧しくなっているというイメージだけでは、世界の現状を理解できません。どうしても偏ったイメージになってしまう。世界のイメージを変えるべき時が来ていると思います。

人口についてもそうです。確かに二〇世紀は人口爆発の世紀と言いますが、都市化が進むと、やはり少子高齢化が進みます。かつて人々はたくさんの子どもを産みましたが、その多くは早く死んでいたのです。多産多死の社会だった。それが、所得が上がって都市化が進むと、少ない数の子どもを大切に育てるようになる。これが世界的なトレンドです。

結果としていま、世界における人口の集中地であるアジアにおいても少子高齢化が始まっています。人口爆発の二〇世紀に対して、二一世紀も同じ調子で増えていくわけではありません。まだまだ増え続けていますから「人口減少の時代」とまでは言えませんが、「人口停滞の時代」くらいにはなるでしょう。この傾向は今後強まると予測されます。

世界は否応なくつながっていく

ライフスタイルが本当に変わってきていると思います。一九九〇年頃からでしょうか、アジアの多くの国で、若者が同じようなテレビや映画を見て、同じような小説を読み、同じような音楽を聴くようになっていると話題になりました。それ以前には考えられない事態だったのです。たとえば僕がティーンエージャーだった一九八〇年代、お隣の韓国は軍事政権に対する民主化運動のただ中でした。学生運動も盛んで、当時バブル景気に向かいつつあった日本の大学生とはだいぶ雰囲気が違いました。ところがいつの頃からか、両国の若者の関心や生活スタイルは急速に接近していきます。

いまやそれは当たり前ですよね。世界のどこに行っても、誰もが同じようなスマホをいじり、同じようなアプリを操作しています。僕が世界の国々で講義をしていても、学生の態度や関心は、あまり違わなくなっていると感じます。興味を持つもの、感動するもの、腹の立つもの、これらの多くをみんなが共有しています。画一化と批判する人もいるかと思いますが、世界の人々が何の違和感もなくスッとコミュニケーションができるという意味では、僕はいい時代になったと思います。

このように世界の人々は急速につながり出しています。ユーチューブなんかを見ても、本当に世界の人々が同じ動画を見ているわけですよね。自分にはまったく想像できないような場所に暮らす人々が、同じ動画を見て、次々にコメントを寄せている。

もちろんいいことばかりではありません。世界がつながってくれば、悪いものもまたつながってきます。伝染病もそうですし、ネットのウィルスもそうです。テロリズムもそうですね。先ほどヨーロッパでのテロの話をしましたが、その実行犯とされる人たちは、ある意味で、どこにでもいそうな人です。その多くは、元来はテロ組織とも関係がなかった人たちです。つまり「イスラム国」が時間をかけて養成したテロの専門家というよりは、その国で育った移民の二世や三世がテロリストの供給源になっているのです。

そういった人たちが差別を受けたり、社会的に不遇であったりするなかで、「もうこんな世の中いやだ！」と思っているところに、インターネットを通じてすっとテロ組織が近寄ってくるわけです。「あなたもいやでしょう、怒っているでしょう。世の中悪いですよね。おかしいですよね。ついては、こういう武器があるのですが、提供してあげてもいいですよ」と言ってくるわけです。

結果として、そういう人たちを捕まえてみても、背後関係がよくわからない。いったいどこから武器がきたのか、誰がどこからサポートしていたのかわからない。このようにして、いつのまにかテロリズムのネットワークが広がっていくのです。

良いものもつながるけれど、悪いものもつながる。これがいまの世界なのです。

世界を全体として捉える

これはみなさんが散々見てきたグラフかもしれません［図1-7］。日本社会の人口は、昔はかなり少なかったのですね。明治維新以降、ものすごい勢いで増えていき、二〇〇八年頃にピークを迎え、いまは次第に人口が減少しています。今後も急速に減っていくことが予想されています。東京の中心部にいるとあまり感じないかもしれませんが、日本全体を見れば今後人口が減少する地域ばかりです。「地方消滅」という言葉も話題になりましたよね。

現在の安倍政権は、「一億総活躍」を掲げているように、一億人の人口を維持することを課題にしています。希望出生率も一・八に設定し、二〇二五年までの実現を目指しています。が、これは正直なところ無理な話ですよね。一人の女性が生涯に産む子どもの数は、最近少しだけ増加したとも言われていますが、出生率は一・四前後から大きく改善する気

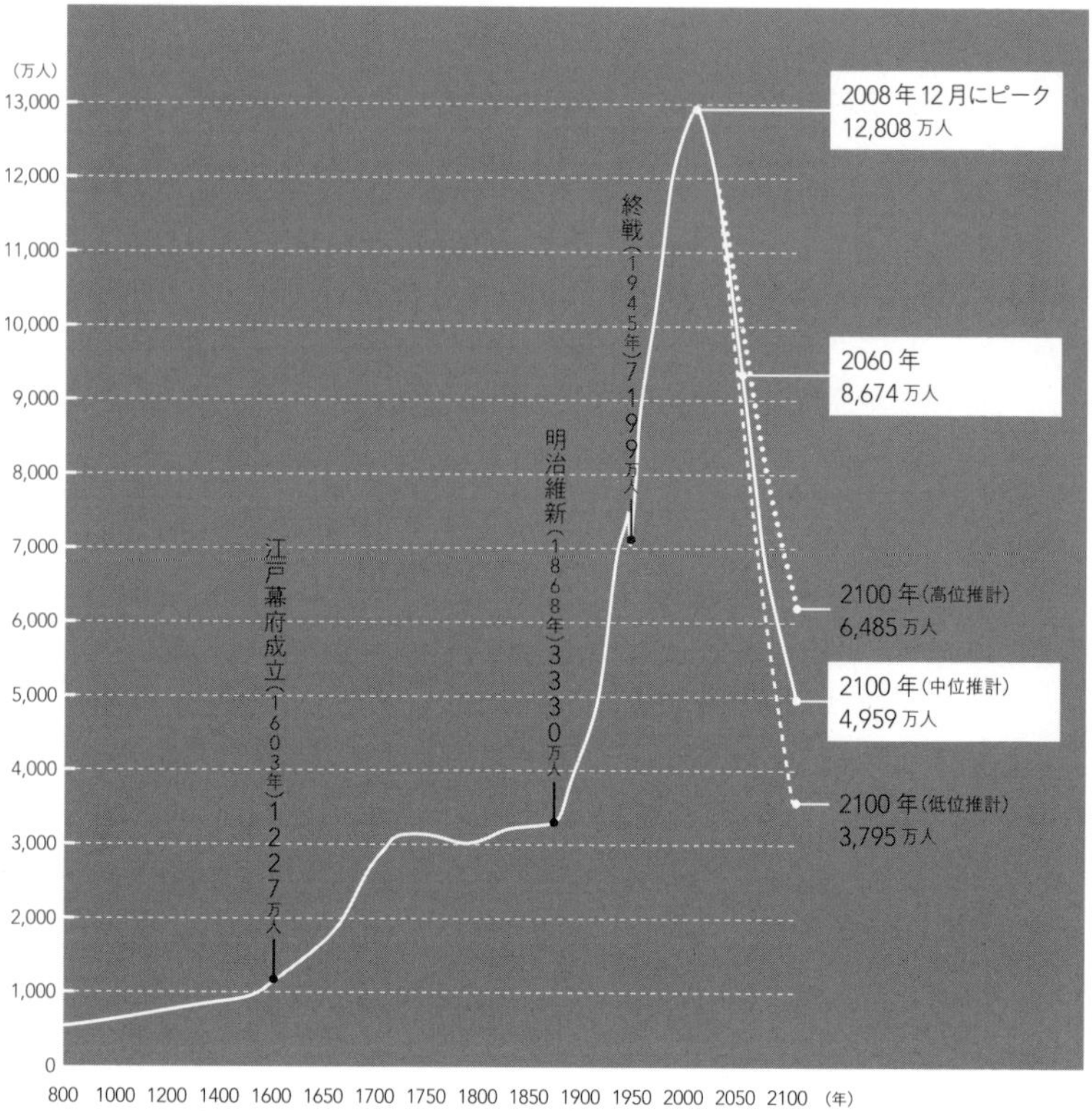

[図1-7]わが国における総人口の長期的推移(厚生労働省「平成27年度版厚生労働白書」より)

日本の人口は2008年をピークに減少に転じています。現在の趨勢が続けば22世紀には明治維新の水準にまで人口が減少します。

配はありません。仮にこの出生率が改善したところで、残念ながら子どもを産むことができる女の人の数自体が減り続けているので、単純な掛け算として、生まれる子どもの数は増えません。結婚する人の数も減っていて、生涯未婚率は男性が二三パーセント、女性が一四パーセントに上昇しています。この数字も、今後ますます増加していくと予想されています。

みなさんの学年は、日本全体で何人くらいいますか。

僕らの学年（一九六七年生まれ）は、一学年が二〇〇万人くらいでした。いまやついに一〇〇万を割ってしまいました。そのうちにもっと減ってくるでしょう。日本の子どもの数は、急激に減っているのです。間違いなく今世紀の半ばには、人口が一億人を切ってしまいます。二二世紀には五〇〇〇万を割ることさえ予測されています。そうなると、明治の人口水準に戻ることになります。

どうしようかと思うかもしれませんね。でも大切なのは世界全体で見ることではないでしょうか。先ほど世界の人口は一〇〇億まで増えるかもしれないと言いましたよね。日本は減っても、世界全体ではまだ増えているわけです。

日本は少し前まで、映画『バック・トゥ・ザ・フューチャー』で見たように、アメリカと並ぶ、いやアメリカを上回る世界一の金持ちの国とされていました。それは、一億人を超える人口を抱え、その人口のほとんどが先進国のライフスタイルを維持していたからです。現在、中国が経済大国になったのも、同じ理由ですよね。一人あたりのＧＤＰは低くても、日本の十倍の人口がいますから、それだけであっという間に世界一の経済大国になります。インドも同様です。そう考えると、どこが世界一の経済大国かというのは、あまり大きな意味はないのかもしれません。トータルの数で世界一位だ、二位だと騒いでもしかたなく、むしろ、人口が何千何百万であれ、一人ひとりの個人がどれだけ豊かで、幸福な生活を送っているかの方が、よほど重要になってくるのではないでしょうか。

日本は世界の先進事例？

それにしても、日本のような国は他にあまりないのかもしれません。すごい勢いで人口が増えて、すごい勢いで減っていく。まるでジェットコースターみたいです。

たとえば、ヨーロッパの場合は、人口が徐々に増え出し、やがてブレーキがかかり、そこから減っていきました。その間に長い時間がかかりました。結果として、一〇〇年近くかけて社会が少しずつ変化していったのです。そのようにして、社会を少しずつ慣らしていきました。これに対し、日本はそのペースが非常に早いのです。

でも、中国を含めて近年の東アジアはみんなこのパターンです。しかもそのペースがどんどん早まっている。どの国もジェットコースターなのです。

だからこそ、その先頭を行っている日本が、「急激な人口減少にはこういう困ったことがあるけれど、それにはこういう対処法があるよ」と示すことができれば、他の国にとって非常に参考になるのではないでしょうか。世界の人は良きにつけ悪しきにつけ、より密接につながっていきます。互いを見て、学んだり模倣したりする機会も増えていくでしょう。そのことの良さ、意義を見ていく必要があります。悪い面だけではなく、良い部分をどうやって見ていけるか、それが肝心です。

本当に世界は変わったなと思います。いま、世界で最も人口の多い都市はどこでしょうか。

世界最大の都市はいまのところまだ東京です。もちろんこれは、行政組織でいう東京都だけではなく、広義の東京圏です。東京って、境界がないでしょう。横浜も千葉も埼玉もつながっている。これを一つの都市圏と見れば、東京圏の人口はおよそ三八〇〇万人。まぎれもなく世界最大の都市です。

一方、現在の世界の大都市トップ五〇には、僕らの予想するような国が意外と少ない。欧米の都市は一〇以下しかありません。世界にはいま、人口百万人規模の都市がたくさんあります。正直、知らない都市も多いですよね。世界一高いビルはドバイのビルですし、世界一大きな工場は中国に、世界一巨大なショッピングモールはサウジアラビアにあります。いまや欧米よりもアジアや中東の方が巨大になっているのです（二〇一七年時点）。

僕らの世界は大変な勢いで変わっています。三〇年後はもっとわかりません。でもおもしろい時代だとも思います。これまで国によって抱えている問題や課題は違いましたが、それがいま、どんどん似通ってきている。だから僕らが何か新しい暮らし方や社会のつくり方、環境問題への新たな取り組みのモデルをつくっていけば、後に続く人たちが「いい

[図 1-8]世界の都市人口ランキング

順位	都市的地域	国・地域	人口	面積 (km^2)	人口密度 (人/km^2)
1位	東京＝横浜	日本	38,050,000	8,547	4,500
2位	ジャカルタ	インドネシア	32,275,000	3,302	9,800
3位	デリー	インド	27,280,000	2,202	12,400
4位	マニラ	フィリピン	24,650,000	1,813	13,600
5位	ソウル＝仁川	韓国	24,210,000	2,745	8,800
6位	上海	中国	24,115,000	4,015	6,000
7位	ムンバイ	インド	23,265,000	881	26,400
8位	ニューヨーク	アメリカ合衆国	21,575,000	11,875	1,700
9位	北京	中国	21,250,000	4,144	5,100
10位	サンパウロ	ブラジル	21,100,000	3,043	6,900

※*Demographia world Urban Areas 14th Annual Edition*: 201804 より人口上位 10 位。

ね」と真似してくれる可能性が大いにある。良いものも悪いものも結びついてきていますから。そういう時代において、みなさんが社会をどう考えていくか。どうつくり出していくか。これがこの講義の大きなテーマになっていくと思います。

海外に行きたい？　国内にいたい？

さあ、ここで、これまで聞いた話についてどう思うか、今後どういうふうにこの世界で生きていきたいか。少し考えてみてください。

最近、海外に行きたくないという人が多いらしいのですが、みなさんの中で、海外で働いてみたいという方はどれくらいいますか？

——（五、六人が挙手）

あれ、意外と少ない……。では生涯日本の中で生きていきたいという人は？

——（一五人ほどが挙手）

どうして。こんな世界はつながっているのに。

——日本の方がまだ安全な気がする。

日本もわからないけどね。そこの方、さっと手を挙げたけれど、なぜ日本にいたいの？

――なんか出たら殺されそうだから。

うーん……。確かにいろいろ物騒な事件は起きているけどね。グローバル派はいませんか。グローバル派の人。

――日本って年功序列制度があって、上司が厳しいから、若いうちから出世するのは難しいかなと思って。

そうだよね。フランスなんて、三〇代で大統領になれるものね。日本で三〇代の総理大臣が出るかと言ったら……。

――出ない！　絶対出ない！

みなさんの働き方という問題はまた次回やりますね。もう一人くらいグローバル派は？

――遺跡が好きなので、発掘とかに興味があって、いろいろなものを見てみたい。

そうだよね。世界におもしろいもの、たくさんあるよね。

――日本の政治制度だけじゃなくて、他の国の政治制度も自分の目で見てみたいかなと思う。

見てみたいよね。もちろん僕も、日本がいいというのはまったく否定しません。日本派の人の中で、日本で何かやりたいことがある人いる？

――いろいろ見てみたい気はするけど、やっぱりグローバル社会だから、たいていのことは日本にいれば済んじゃう。

それはある意味で真理だよね。世界がどんどんつながってきているということは、いろんなことが日本にいながらにしてできるということ。どこにいたって同じだ、それはそれで一つの考え方ですね。でも僕の経験では、世界のいろいろな場所に行って、初めて見えてくるものがあるというのも事実です。外に出て初めて日本のことがわかるというのが実感です。みなさんにはぜひ、世界のあちこちに出かけてほしいと思います。

大切なのは

- 世界の状況のなかで、日本の置かれた位置を客観的に捉える
- 課題先進国としての日本、新たな解決策を世界に普及する可能性
- 世界の人々は良きにつけ悪しきにつけ、より密接につながるように

4 隠れていた人々の声があらわに

トクヴィルの予言

僕が追いかけているテーマのひとつに、「平等」があります。いろいろなことがグローバルになった現在、人々が平等になったという意見と、むしろ不平等になったという意見がせめぎあっている状況だと思うのです。

アレクシ・ド・トクヴィル（一八〇五―一八五九）という一九世紀のフランスの思想家がいます。僕は、この人をずっと研究してきました。

みなさんも学校の授業で、ホッブスやロック、ルソーなどは勉強したでしょう。でも、トクヴィルはまだ出てこないんじゃないですか。僕は取り上げるべきだと主張しているのですけれどね。優しそうな顔をした人でしょう。

僕はこの繊細で複雑な思想家が好きなのです。フランス革命のとき、貴族だった彼の家族はかなりひどい目にあいました。フランス革命で貴族が激しい否定の対象となったためです。トクヴィルの生まれる前ですが、彼の両親は危うくギロチンにかけられそうになります。そのためにお父さんは髪の毛が真っ白になり、お母さんは精神的にがっくりくるなど家中が暗かったといいます。そういう家に育ったトクヴィルですが、海外に出て知らない世界を見よう、と考えました。家の中ではみんな暗い顔をしているけれど、外に行ったらわからない。向かった先はアメリカでした。飛行機はおろか、蒸気船さえない時代です。まだ二〇代だったトクヴィルはフランスからアメリカに渡り、ニューヨークに上陸した後、中西部まで精力的に見て回りました。

そして書いたのが『アメリカのデモクラシー』（第一巻は一八三五年、第二巻は一八四〇年）という有名な本です。この本の中でトクヴィルはおおよそ次のようなことを言っているのです。

これまで貴族は、世の中の貧しい連中を自分と違う種類の人間と思ってきた。貴族は貴族、平民は平民で、まったく違う人間だと思っていた。でも自分自身がアメリカに来てみて、そんなことはないと気づいた。みんな同じ人間で、自分と何が違うわけでもない。これまで人々を囲っていた想像力の壁は急速に崩れつつある。もう貴族だ、平民だという時代ではない。世界はどんどんつながっていくし、人々はどんどん平等になっていく。

ただし、それが良いことばかりではないとトクヴィルは言います。みんなが互いを自分と同じ人間であると考え、その意味でより平等になることは、もちろんそれ自体として良いことです。でも、そのような意味での平等化が進むと、互いの見方にも変化が生じます。

昔は平民というと、「ああ、貴族の人は偉いものだなあ。でも、自分とは違う人なのだから、自分は自分でやっていこう」と思うこともできた。ところが、みんなが平等になるとどうなるか。いままでは違う世界の人だと思っていたのが、考えてみれば同じ人間だと

貴族さまはえらいもんだ
違う種類の人間だと思っている
貴族
平民
みんな同じ人間なんだ!!
パァァ
人間
平等とは
ズルい!!
平等なハズなのに
差があってズルい!!
トクヴィル

思ったとたんに腹も立ってくる。「なんであの人はあんなにいい思いをしているのに、自分はこうなのか」。平等化時代の個人は、他人に対してより厳しい見方をするとトクヴィルは言うのです。

みんながより平等になり、互いが同じ人間であることがわかってくると、その間に残る違いにより敏感になってしまうのです。矛盾ですよね。身分制がもっと厳しかった時代には、違いがあっても気にしなかったのに。平等化が進むと、人々はよりわずかな違いにより敏感になるというのです。むしろ、平等化時代の個人は、そのような違いが、気になって仕方ないのです。

先ほどテロの話をしました。これもトクヴィル的に言えば、平等化が進んだ結果なのかもしれません。かつて、非先進国に住む人々にとって、他の国で人々がどんな暮らしをしているかは、想像もつきませんでした。仮に想像したとしても、アメリカやヨーロッパで暮らす人たちは、自分たちとまったく別の人に思えたはずです。それがどうです、いまはどこにいても、インターネットを通じて世界の人々の姿が目に入ってきます。いやでも互いを比較してしまいます。かつては嫉妬の対象にすらならない遠い世界にいた人たちが、目の前に見えてしまう。同じ人間なのにこの違いはどうしてだ、と思っても不思議ではありません。

いったん知ってしまうと、「こんなに違いがあるのはおかしい。誰かがおかしいことをしているのではないか、インチキをしているのではないか。同じ人間なのに不平等だ」という感覚が強くなってくる。同じ気持ちの人はいま世界中にたくさんいるのではないでしょうか。

みなさんだって、思うことはありませんか。「あの人はああなのに、なぜ自分はこうなのか」と。そういうとき「いや、あの人は勉強したから」とか「あの人は運がいいから」とか、みんな必死になって自分を納得させる理屈を考えます。

昔は理屈なんて考えませんでした。もともと違う人間なのだから、境遇が違って当たり前だったのです。ところがいまの僕たちは、どうしてもそんなふうに思えない。同じ人間だから仲よくできるかといえば、同じ人間だからこそ、そこに違いがあると腹が立つのです。

いまや世界の人々が、自分たちはお互いに同じ人間であると思いつつ、その違いを日々、目の当たりにしているわけです。その結果、互いの違いに対するひりつくような感覚をみんな持っている。難しいけれど、これはこれでおもしろい時代だと思います。

〈私〉時代のデモクラシー

みなさんの世代だともう当たり前すぎかもしれませんが、僕らの世代にとっては「一人ひとりがみんな違うのはいいことだ」という言葉には、新鮮な響きがありました。かつて、SMAPの「世界に一つだけの花」を聞いたときにも感動したものです。「そうさ僕らは／世界に一つだけの花／一人一人違う種を持つ♪」という歌詞を耳にして、素敵な歌だなと思いました。

金子みすゞの「みんなちがって、みんないい」という詩も、NHKの子ども番組ですっかり有名になりましたね。ちなみに、「世界に一つだけの花」の歌詞を書いた槇原敬之は、一九九一年に「どんなときも。」という曲を発表しています。そこで「僕が僕らしくあるために♪」と歌いました。「僕が僕らしくあるために」という言葉に、何か新しい時代の始まりを感じたのです。あっという間に当たり前になってしまいましたけどね。

かつて世の中が差別だらけだった頃、「みんな同じ人間ではないか」と言うのは、とても勇気のいることでした。また、言われた方もうれしかったはずです。

ところが、みなさんは、どうでしょう。「みんな同じ人間だよね」と言われて、うれしいですか？


——うれしくない……。


別にとくにうれしくないですよね。感動もしないですよね。むしろ、みんな同じと言われると、なんだかいやな感じさえする。むしろ「一人ひとり違うのだから、その違いを認めてよ」、「少なくとも、他の人と同じ程度には、私の違いを認めてよ（変な言い方ですが）」と言うと思うのです。現在は、そういう時代なのです。平等の意味も、どんどん複雑になっています。

「自分とあの人はなぜ違うのか」ということが、みんな気になる。個人でも国でもそうです。いまや世界がつながって平等意識が高まる一方、誰もが「自分の違いを認めてほしい」と感じるようになっている。でも同時に、違いがあることに不満を感じてもいるのです。人間ってわがままですね。違いがあるのを認めてほしいと思う一方で、なぜこんな違いがあるのか、おかしいではないかとも感じる。これがいまの僕たちの中にある、微妙な平等意識です。ここから種々の問題が生じます。でも、僕はこのような変化はけっして後もどりしないと思っています。

ブレグジットの実態

このようなトクヴィルの議論を頭に入れた上で、いま一度、世界のことを振り返ってみましょう。

この講義の冒頭で、イギリスのEU離脱（ブレグジット）の話をしましたね。イギリス人も、迷いつつあります。ヨーロッパとつながっても、いいことばかりではない。むしろデメリットの方が多いのではないか。このままEUに飲み込まれてしまっていいのだろうか。イギリスの独自性が失われてしまうのではないだろうか。そう思った人たちがEU離脱に賛成の投票をしたわけです。

図1-9は、ブレグジットに投票した人たちを分析したグラフです。トータルでは離脱派が五二パーセントで、残留派を上回りました。男女差はほとんどありませんが、年齢差がはっきりしていますね。一八歳から二四歳では、七三パーセントと圧倒的に残留派が多

いです。若い人で離脱派は三割以下ですね。二五〜三四歳で六二パーセント、三五〜四四歳でも五二パーセント、まだ半分以上が残留を望んでいます。それでも年齢が上がるとともに離脱派の割合が増えていき、六五歳以上になると残留派は四〇パーセントです。若者は残留を希望して、年寄りは離脱したいというわけです。これは、考えてしまう結果ですね。

若者は、問題があるかもしれないけれど、それでもヨーロッパで活躍できる新たなチャンスがあると思える。これに対し、お年寄りには、外から来る人々に自分の職を奪われる、自分たちの豊かさが失われていくという意識の方が強いのでしょう。

所得階層別に見ると、お金持ちか

[図1-9] イギリスのEU離脱・残留をめぐる国民投票の投票行動（性別・年齢別・社会階層別）

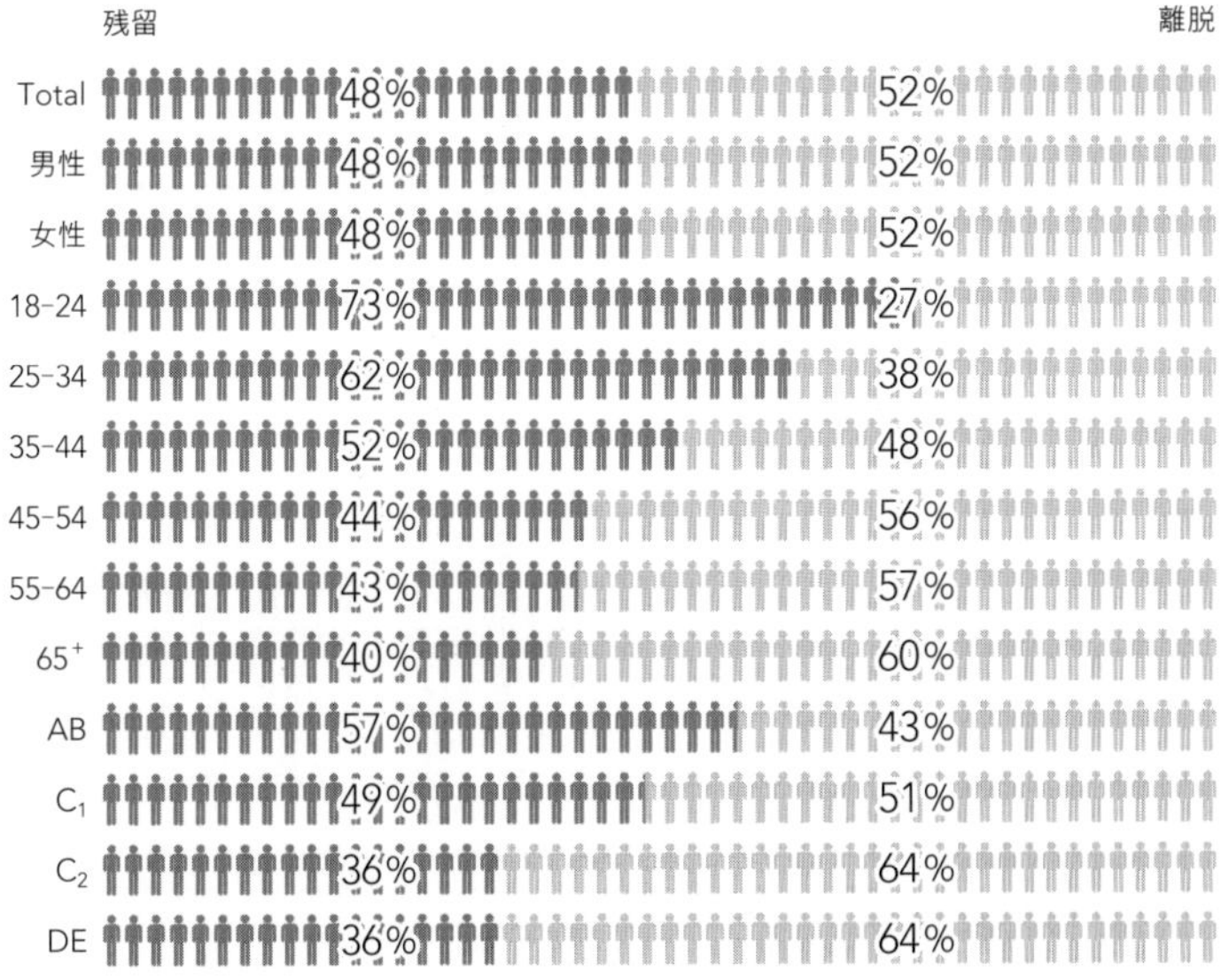

※Lord Ashcroft Polls, "How the United Kingdom voted on Thusday...and why", 24 June 2016
(http://lordashcroftpolls.com/2016/06/how_the_united-kingdom-voted-and-why/)

ら上位中間層（ＡＢ）までは、半数以上が残留派です。下位中間層（Ｃ１）以下でその比率が下がり、最も所得の低い人たち（ＤＥ）では残留派はわずか三六パーセントです。経済的に不利な状況にある人、かつ年齢が上の人たちが、このままＥＵにいたら大変なことになると思ったわけです。

このような人々はすでに厳しい経済状態に置かれているわけですから、「これは外から入ってくる移民のせいだ」「彼らの流入を食い止めれば、自分たちの暮らしも守られる」という離脱派の主張が説得的に感じられたとしてもおかしくありません。実際には、移民の多さとこのような人々の経済状態との間には、直接的な因果関係はないという調査があります。にもかかわらず、彼らはつながっていることの恐怖をより強く感じたのです。

グローバリズムが導いたもの

トランプ大統領の話も出てきました。みなさんは、このトランプという人を、どう思いますか。なぜトランプみたいな人が大統領に当選したのでしょうか。差別的な発言もありましたし、女性蔑視ととられる行動もあったのに、なぜだと思います？

――お金持ちだから。

不動産王だから、お金を持っているのは間違いないね。でもヒラリー・クリントンだってお金持ちだけどね。選挙運動におけるテレビＣＭでいうと、クリントンの方がはるかに多くのお金を使っています。むしろ、彼女の方が金持ちではないかという気もしなくもない。それなのに、なぜトランプが当選したのだろう。

——移民のこととかで国民が抱えている不満で、あまりみんなが口にしないことを言ったから。

なるほど、多くの人が思ってはいるけれど、なかなかそれを公然とは言えないということがあるよね。それを、はっきりと言ってくれたということだね。

世界中からさまざまな人が来て、多様な人種が一緒にやっていくのは素晴らしい。これがアメリカの本来の理念です。それでも、その世界から来た多様な人々によって自分の職が奪われるとなると、ちょっと心穏やかではいられない。そう思っている人たちにとっては、言いたくても言えなかったことをズバッと言ってくれたトランプに爽快さを感じることはあったかもしれませんね。

これもよく見る図だと思います［図1-10］。アメリカというとみなさん、どんなイメージですか。ワシントン、ニューヨーク、ロサンゼルス、サンフランシスコ……。東海岸と西海岸ばかりですよね。ところが、アメリカの残りの半分は、大陸の真ん中の州が占めている。これらの州に暮らす人々が、僕たちにはどうもあまりピンとこない。しかしながら、この人たちの存在が大きかったわけです。

アメリカといえば世界一のグローバル大国です。世界で英語を使えるからいいなあ、と思うかもしれませんが、実はアメリカ人の半数近くは、生涯に一度もアメリカから出ないと言われています。生まれ育った土地で一生を終える人も多い。そういう人にとっては、グローバル化なんて言っても、ぜんぜんピンとこないわけです。

アメリカは宗教心の強い国だと言われますが、西海岸や東海岸の大都市で出会う人は、あんまり宗教的な印象は与えないでしょう。でもたとえば中西部には、メガチャーチと呼ばれる巨大な教会があり、そこに何万人もの人が集まってミサをやったりしている。その巨大さを見ると、これもアメリカかと感じます。今回の選挙では、これら僕らのあまり知らないアメリカが、がぜん前面に出てきましたよね。

ご存知のように、アメリカの自動車産業は日本などに負けて、衰退してしまいました。アメリカを支えた工業地帯だったデトロイトは、いまやラストベルト（錆《さ》び付いた工業地帯）と呼ばれています。こういうところで働いている人た

[図1-10]アメリカ大統領選挙2016の州別の勝敗

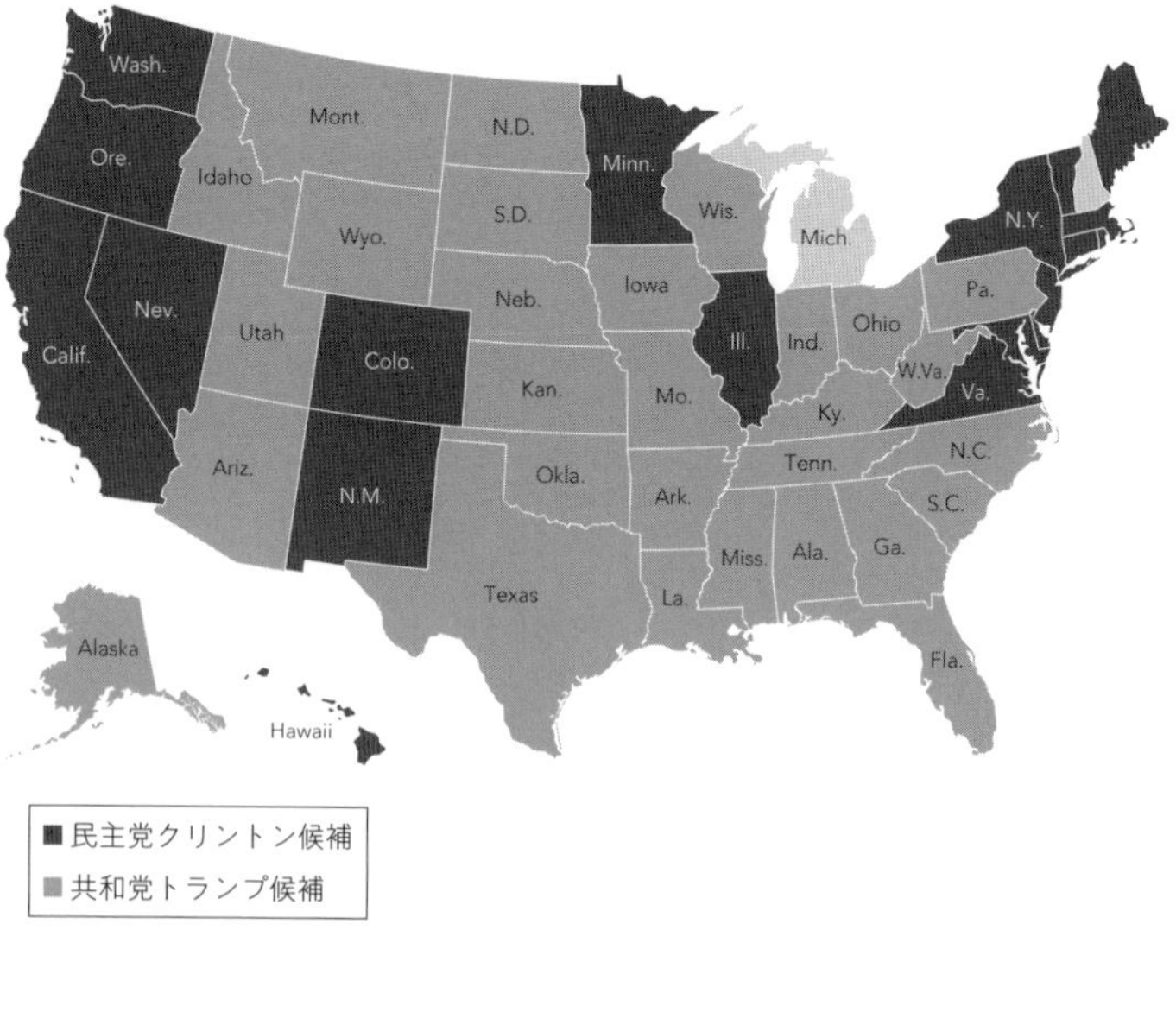

ちは、かつてなら、自分たちこそがアメリカを支えていると自負することができたでしょう。ところが、そのような人々が、グローバル化によって大きなダメージを受けたわけです。世界なんてピンとこないが、それでも間違いなく自分たちは職を失っていく。「グローバル化はいいことだ」「世界がつながっていくのはいいことだ」といくら言われても、「それによって利益を得るのは、一部のエリートたちだけだ」と言いたくなりますよね。

グローバル化によって、先進国の富裕層と新興国の中間層の所得は格段に上がりました。でも先進国の中間層、とくにその下の層、いわゆる下位中間層の人たちは圧倒的に損をしたのです。「レフトビハインド（取り残された人々）」と呼ばれるわけです。

一九八〇年代から市場経済を重視する新自由主義やグローバリズムを進めてきたのは、イギリスとアメリカです。いまや、まさにこの二つの国で悲鳴があがっているわけです。象徴的ですね。

5　対立がなくならないなら、どうすれば

市場経済と民主主義

いま多くの人が思っているのは、グローバル化と民主主義は、実は相性が悪いかもしれないということです。考えてみたら単純な話です。民主主義というのは、一つの国の中で、

より多くの人の声を政治に反映する仕組みです。そうだとすると、いまの先進国ではどうでしょう。グローバル化によって、豊かになるのはごく一部で、苦しくなっている人の方が多い。そういう人たちの悲鳴を当然、民主主義は反映することになります。当たり前ですよね。

ですから、アメリカ人は愚かだと言う意味で「反知性主義的」と言う人がいますが、そんなことはありません（「反知性主義」というのは、そもそも「愚か」という意味ではありません）。民主主義が機能していれば、当然そうなるはずです。グローバル化によってダメージを受ける人たちが増えれば、その思いを誰かに代弁してほしいと思うのは、自然な話でしょう。

トランプはさまざまなスキャンダルに見舞われていますが、それでも彼を支持する人は確固としています。支持率が下がったと言われますが、それでも四〇パーセント前後を維持している。どうしても「トランプの言うことがもっともだ」という人が確実に存在する。そういう世界に、いま僕らは生きているのです。

――市場経済と民主主義の緊張関係について、もう少し説明してください。

かつてイギリスの首相チャーチルは、民主主義のことを、「頭をかち割る代わりに、頭数を数える制度だ」と言ったことがあります。皮肉屋だった彼らしい言葉ですね。彼はまたあるときに、「民主主義は最悪の政治だ。ただし、これまでに存在した民主主義以外のすべての政治制度を除けば」とも述べています。要するに、民主主義が素晴らしいわけではないけれど、他よりはマシだというのです。なぜマシかと言えば、人を強制しようとして殺し合いをする代わりに、人の数の違いで勝負を決するからというわけです。ここでチャーチルは、民主主義の本質を数の問題だと言い切っています。

ところで、「デモクラシー（democracy）」とは元々どういう意味か知っていますか。デーモス（demos）とは人々、クラトス（kratos）は力や支配を意味する古代ギリシア語です。合わせれば、「人々の力」、「人々の支配」ということになります。昔、ジョン・レノンのヒット曲で、「パワー・トゥ・ザ・ピープル」というのがありましたが、まさにそれです。「パワー・トゥ・ザ・ピープル♪」、「人々に力を」ですからね。知りませんか、そうですか。

でも、この言葉、当初はあまりいいニュアンスではなかったのです。デーモスには「数ばかり多い連中」という含意があります。結果として、貧しい人々が数に物を言わせて、自分たちの利害を押し通すことを指して、この言葉が用いられたのです。「数の横暴」という意味ですね。デモクラシーという言葉には、そのような否定的な意味がつきまといました。この言葉が肯定的な意味で用いられるようになったのは、この数世紀のことに過ぎません。いまでこそ「デモクラシーといえば正しいもの」というのが常識になっていますが、これはかなり最近の常識

民主主義とは……
「頭をかち割る代わりに
頭数を数える制度だ」

です。

　このようにデモクラシーという言葉にはいろいろな意味が含まれています。以降ではみなさんになじみのある民主主義を使います。民主主義という言葉は本来、「人々の力」「人々の支配」を意味する言葉です。そして、現在、先ほども述べたように、グローバル経済の下では、それによって富裕化する人と貧困化する人の数を比べれば、どうしても貧困化する人の方が多い。そのような人々が、「もうグローバル化に耐えられない」と叫び出せば、それを政治に反映するのが民主主義です。より多くの人が「グローバル経済から離脱しよう」と言うならば、それを無視するわけにはいきません。

　もちろん、それが可能であるか、望ましいことであるかは別問題です。実際に、世界の人々はすでに切っても切れないほど、相互に結びついています。お金やもの、そして情報をより自由にやりとりしたいというグローバル化の流れは今後、減速することはあっても、完全に逆戻りすることはないでしょう。それでも、それによって傷つけられる人々がたくさんいれば、異議申し立てをすることを許すのが民主主義の役割です。

　現在、経済のグローバル化を主張する勢力と、それに異を唱える人々の声を政治に反映する民主主義とが、厳しい緊張状態にあります。両者がつねに対立するとは限りませんが、現在の状況では、そうなっています。アメリカの場合でも、市場経済の論理からすれば、より賃金の安いところに工場が移転するのは合理的です。そうでなければ、競争に勝つことはできません。しかしながら、工場移転により失業する人々からすれば、それを許せな

現在
国産は高いなあ……
工場は外国にあるから仕事もないし……
安い!!
けど
発注
コストの安い国
別の国へ売る
20世紀
仕事もあるし豊かになった!!
みんなでもっと良くしていこう!!
労働
生産
消費
自国内

いと声を上げるのも当然です。だからトランプさんが、「アメリカ国内に工場をつくれ」「アメリカから工場を移すことは許さない」と発言すれば、喝采する人は多いわけです。

振り返ってみれば、二〇世紀において、市場経済と民主主義はつねに対立してきたわけではありません。むしろ各国経済の自律性がもっと高かった頃には、「市場経済の発展により経済が成長し、結果としてミドルクラスが増え、民主主義が発展する。民主主義によって人々の生活の改善が図られ、福祉国家が人々の生活を保障することで、人々の消費活動が市場経済を後押しする」という好循環もありました。ところが、経済のグローバル化が進むことによって、このような好循環は失われてしまいました。国境を超えた市場経済の活動と、あくまで一つの国家を前提とする民主主義とが食い違いを見せるようになったのです。

今後、市場経済と民主主義との間に、再び好循環が復活する可能性がないわけではありません。その意味で、市場経済と民主主義の関係を今後も見ていかなければなりません。

資本主義と社会主義

——そういえば資本主義国と社会主義国という対立も、いまはあまり気にされていないのでしょうか。東西冷戦が終わってグローバル化が進んで、もう資本主義と社会主義の対立はなくなったのかなって……。

いい質問です。社会主義の話は最初にしましたね。冷戦が終わったときに、フランシス・フクヤマが「歴史は終わった」と言いました。その意味は、資本主義か社会主義かという議論は完全に決着がついた、もう議論する必要はないということでした。本当にそうなのでしょうか。もう少し、考えてみる必要があると思います。

ところで、社会主義とは何でしょうか。これ自体、難しい質問ですよね。少し前だったら「社会主義といえば、社会主義国。ソビエト連邦のことだよ」と言えば済んだけれど、みなさん、そもそもソ連なんて知っているかな?

――うーん……。

ソ連といえば、社会主義的な計画経済で知られていました。資本主義国では、物の値段は需要と供給、つまり売りたい人と買いたい人のバランスによって決まります。市場が値段を決めるわけです。これに対して社会主義国では、中央政府が物の生産量や値段をすべて決めていたのです。社会主義的な価格の決め方については中央政府がすべての情報を得られるわけではないので、非効率的だという声もありました。当事者に任せて、あとは市場で調整すればいいというわけです。

関連して、社会主義とは、努力した人とそうでない人を同じに扱う体制だという批判もよく耳にします。頑張っても頑張らなくても物の値段はいつも同じ。だから、誰も努力しなくなって、社会主義体制はダメになったという説明をみなさんも耳にしたことがあるのではないでしょうか。

でも本当にそうなのでしょうか。すべてを市場に任せれば、それですべて解決するのでしょうか。

たとえば、純粋な資本主義的な考え方でいくと、競争の結果、貧富が生まれるのは仕方がない、お金持ちはたくさんのものを買えるけれど、貧乏な人は買えないのも仕方がないことになります。本当に仕方がないでしょうか。持っているお金だけで決めてしまうのは、ちょっと困ることもあるのではないでしょうか。

医療について考えてみましょう。お金持ちには医療を提供するけれど、お金がない人には医療は提供しない、それでいいですか。たとえば、アメリカでは救急車を気安く呼ぶわけにはいきません。お金を取られますから。救急車に乗る前に、必ず「あなた保険に入っていますか」と聞かれます。入っていないと実費を取られるのです。日本は仕組みが違うのでピンとこないかもしれませんが、世界の多くの国々で、お金がないと医療を受けられないという現実があります。やはりそれではまずいのではないか、すべての人は等しく医療を受けられるようにすべきだという考え方もありえます。世の中のことをすべて市場メカニズムで決めるのではなく、社会全体にとっての利益を考えて調整しなくてはいけないという発想は、ありうると思うのです。

いわゆる社会主義国というのはなくなりました。しかし社会主義的な政策がないかといえば、ありますよね。日本はよく、揶揄も込めて、「最後の社会主義国」と言われることがあります。たとえば日本は国民皆保険ですね。

アメリカではオバマ前大統領がすべての人に保険を与えようと、いわゆる「オバマ・ケア」を立案しました。あまり出来の良いものではなく、既存の仕組みを切り貼りしたような案でしたが、それでもなんとかつくり上げた。この「オバマ・ケア」ですら、いまのアメリカではやはりやめるべきだという議論があるわけです。

これに対し、日本では国民皆保険が続いています。もちろん、良い点も悪い点もあります。高齢化が進むなかで医療費が増大の一途をたどり、このままでは財政的にもたなくなっているのは間違いありません。皆保険と言いながら、そこからこぼれ落ちてしまっている人がいるのも事実です。とはいえ、金持ちであれ貧乏であれ、等しく医療は受けられるようにするという理念は維持されてきました。このような政策は社会主義的とも言えますね。そう考えると、社会主義が本当に過去のものと言えるかどうか。国が国民の生活を保障したり、補助金をつけて産業を支援したりするのも含めれば、日本に社会主義的な部分はかなり残っています。

ですから、資本主義と社会主義の対立が完全に過去のものと言えるかはわかりません。

ちなみに、二〇一六年のアメリカ大統領選で民主党のサンダース候補が躍進しました。彼は自分を公然と「民主的社会主義者」と呼んで、話題になりました。アメリカの大統領選で、候補者が自分を「社会主義者」と呼ぶのは異例のことです。が、そのサンダースがなぜ健闘したかといえば、若者が支持したからです。アメリカの若者たちはなぜ「社会主義者」のサンダースを応援したのでしょうか。

大きかったのは、大学の学費無償化でしょうね。これもみなさんにはピンとこないかもしれませんが、アメリカは大学の学費がものすごく高いのです。日本の大学の学費も高いですが、アメリカの一流どころの大学の学費は本当に高い。経済的にかなり裕福な家庭の子どもか、あるいは飛び抜けて優秀ということで学費免除にならないと、なかなかそういう大学に進学できません。これに対し、サンダースは大学教育の無償化を主張したために、多くの学生の支持を集めました。

このような政策を「社会主義」と呼ぶのであれば、みなさんの中にも共感する人がいるのではないですか。もちろん、お金のある人はより良い教育を受け、そうでない人はそれなりの教育で仕方がないと考える人もいるでしょう。どちらが良いとも悪いともいいませんが、少なくとも、社会主義はまだ政策の方向性としては、十分ありえるということです。

大切なことは必ずしも両立しない

ここまでグローバル化と民主主義、あるいはより一般的に市場経済と民主主義について考え、さらに資本主義と社会主義の話にまで議論が拡がってきました。国境を超えた自由な経済活動と一国の国民による自己決定は、どちらも大切なことです。資本主義的な競争と社会主義的な生活保障も、かなうならば両立してほしい事柄です。それは間違いありません。それでも、場合によって、大切なこと同士は両立しません。

グローバル化で世界がつながっていくのは良いことですよね。民主主義で人々の意見を政治に反映させることも良いことです。しかしそれがつねに両立するとは限らない。やはり、取り残された人々の訴えをどう受け止めるかが、とても重要だと思います。

あちこちでテロが噴出しています。安全だと思っていた日本でも、これから怖いことが起こるかもしれません。テロもまた、社会の矛盾の現れであるとすれば、矛盾がある限り、そのような悲しい出来事もなくならないでしょう。本当に悪いのはテロリストやその背後にある組織ですが、社会の矛盾が大きくなればなるほど、そのような組織は力を持ちます。

ところで、今回の講義の冒頭で、「政治とは本来、互いに異なる人たちが共に暮らしていくために発展してきたもの」と言いました。みなさん自身も、今後の人生の中で多くの人に出会います。いろいろな人がいますから、対立する場面も出てくると思います。

この講義で僕が言いたいのは、社会において対立はなくならない、ということです。一つの国の中でも、世界全体でも同じことが言えます。トクヴィルが言うように、どれだけ平等化した社会でも、対立は絶対になくなりません。人間は一人ひとりみんな違う、だからぶつかるのは当たり前です。どうしたら、対立し合う人々が一緒に暮らしていけるか。これが政治の第一の定義です。人はみんな違う。違う人たちが一緒に暮らしていくのは大変だけれど、必要なことですよね。

昔、アリストテレスという古代ギリシアの思想家は「神様と動物には政治はいらない」と言いました。どうしてだと思いますか。

神様は全能の存在だから、ぶつかることも喧嘩《けんか》することもない。まあ、ギリシア神話では神様がかなり喧嘩しているけどね。だから政治はいらない。動物はどうですか。犬同士がわんわんと喧嘩していることがあるけれど、あれは、政治かな？

——本能みたいな……。

そう、もちろん犬は犬なりに考えているのでしょうけれど、やはり本能による部分が大きいと思います。これに対し、話し合ったり議論したり交渉したりして、どうしたらみんなに納得してもらえるかを考えようとするのが政治です。動物は本能で群れをつくるけれど、人間は言葉を使って話し合いをして集団を維持する。だから「政治をするのは人間だけだ」とアリストテレスは言ったわけです。

だからこの世の中にはどうしても対立や矛盾があるけれど、人間はそれを政治の力で乗り越えていかなければならない。これが今日の内容のまとめです。

どこまでが政治か

——政治っていつからあるんですか？

いつからあるのだろう。先ほどのアリストテレスの話だと、神様と動物は政治を持たないけれど、人間は政治を持つということでしたよね。そうだとしたら、政治は人間社会のはじまりからずっとあったことになる。ところで、政治は英語では何といいますか？

——ポリティクス。

そう。それでは、ポリティクス（politics）という言葉がどこからきたか知っていますか？

——古代ギリシアのポリス。

素晴らしい。アリストテレスがいた時代、古代ギリシアの都市国家のことをポリスと呼んだのです。でも変だよね。なぜ古代ギリシアの都市国家が、政治の語源になったのか。そこで何かあったのかもしれません。少なくとも言葉を介した多様な人々の共生がそこで高度に自覚されたことは確かです。

——政治とは何かという定義からいくと、友達同士で話しているときとか学級会で物事を決めるときとか、そういうのも政治っていうのでしょうか。異なる利害や価値を持つ人との共生を考えるというと、そういうことでも全部政治に含まれてくるのかなっていう感じがしたんですけれども。

それも今回の大事なポイントだと思います。僕は政治をそこまで広げていいと思っています。

みなさんが、たとえばクラスで修学旅行はどこへ行くかを議論するとします。「やはり京都よ」という人もいるだろうし、「ハワイ行きたい」という人もいるかもしれない。「京都に行けば、歴史の勉強ができる」とか、「ハワイだって英語の勉強になる」とか、いろいろな議論をする。最後にもう埒があかなくなって、「じゃあ最後は多数決で決めよう」ということになったとします。ところが、全部決まったところで先生が、「君らが決めるんじゃないんだ。先生が決める」となったらどうでしょう。それも含めて政治ですよね。

意見が違う人たちがいるときに、どうやって物事を決めるか。みんなで本当に議論をして、全員が一致できる、合意できることが理想ですが、なかなかそうはいかない。それならば、先ほどの「頭をかち割る代わりに」ではないですが、多数決で決めるということもありうるでしょう。ただし、これも後でやりますが、多数決もまたいろいろ問題があるのです。で、結局、先生が過去の事情を知っていて一番よくわかっているから、先生に全部決めてもらうということになるかもしれません。

僕は、それを全部含めて政治だと思っています。先生に全部丸投げというのは、本当の意味では政治ではないという意見もあるだろうけれど、議論した上で、「この問題に関しては生徒で話し合っていてもきりがないから、先生という専門家に一任しよう」というのならありうると思います。これだって政治です。政治って、どこか永田町の周辺で行われているものばかりではなくて、僕らの周りにたくさんあるのですよ。

関連して、「民主主義は多数決だ」という言い方もありますよね。これは本当なのでしょうか。これについても、今後議論していきたいと思います。ともかく、いろいろな、相互に違う意見を持った人たちがどうやって一緒に暮らしていくか、これが政治です。

ですからみなさんの生活にとって政治は切っても切り離せないものです。いやでも一生政治と付き合わざるをえません。そうだとしら、どう政治とつき合っていけばいいか。これから考えていきたいと思います。ありがとうございました。

政治とは何か（暫定的）

・異なる利害や価値を持つ人々（みんな違う！）の共生をいかに実現するか（一国内でも、世界でも）

・どれだけ平等化した社会でも対立はなくならない（人間は神にはなれない）

・どうすれば人々に納得してもらえる枠組みをつくれるか（議論・交渉・説得・妥協）

・民主政治と市場経済の間には一定の緊張関係があるようだ。

第2講

働くこと、生きること

1 どこまで、何を政治にのぞむのか

この講義は、みなさんの日常生活に関係のあるところから政治を考えることを目的にしています。

第2講の主題は、「働くこと、生きること」についてです。といっても、みなさんに「このように働いた方がいいよ」「あのような生き方が素晴らしい」とお説教をするつもりはありません。どのような仕事をしようと、どう生きようと、それはみなさんの自由です。みなさん自身が決めるべきことです。ただ、「働くこと、生きること」には政治が密接に関係しています。自分がどんな仕事に就くかということと政治とは、一見、関係がないと思われるかもしれません。しかし、はたして本当にそう言えるのでしょうか。それが今回のテーマです。

前回の講義でも言いましたが、みなさんの人生は長いものになるでしょう。もちろん、人生の途中で、思いがけない事故や病気にあう可能性はあります。一人ひとりの人生には、良かれ悪しかれ、多くの偶然が作用します。しかし、平均的に言うならば、みなさんの多く、おそらくは半分以上が、一〇〇歳以上のおばあちゃんになるまで生きるのです。一〇〇年単位で自分の人生をどう生きるかを、この機会にぜひとも考えてみてください。

人工知能の時代に働くということ

「働くこと」に関していま話題なのは、ＡＩ（Artificial Intelligence）ですね。ＡＩとは何のことですか？

――人工知能。

そのとおり。ところで、みなさんは東ロボくんを知っていますか。「ロボットが東大に入れるか？」を実験するために、国立情報学研究所が開発したロボットのことです。次第にその性能を向上させているようですが、はたして東大に入ることができるのでしょうか。ちなみに、この東ロボくん、いま偏差値はどれくらいだと思いますか。センター試験の模試を受けて、英数国理社の五科目について解答させてみたのですが、どれくらいの偏差値が出たでしょうか？

――六五。

ちょっと高すぎだけど、まあ近い。

――六〇。

ほぼ正解です。いま偏差値五七くらいだそうです。どの科目も平均を上回り、かなりのレベルの大学にも合格できるだけの力をつけました。ただし、いまちょっと伸び悩みで、このままだと東大合格は難しいようです。二〇一六年一一月には、この目標を断念したことを発表しました。ちょっと安心しますね。とはいえ、東ロボくんがかなりの実力を示していることは間違いありません。

でも、マークシート式のセンター試験の模試ならば、それなりの成績は出るけれど、東大二次試験のような論述問題は難しいのではないか。あるいはそう思われるかもしれません。ところが、東ロボくんのプロジェクト・リーダーの新井紀子さんによれば、東ロボくんは、現状でもそれなりに論述問題に対応できるようなのです。

出題の趣旨に関係のある情報を検索し、そのうち最も有意性が高いものを抽出した上で、時系列に並べて文章化するくらいなら、いまの東ロボくんにもできるということです。それならば、世界史や日本史の論述問題でも何かは書けそうですね。みなさんの中にも、論述問題というと、とりあえず知っていることをただ書き並べる人はいませんか。それだといつの日か、東ロボくんに追い抜かれてしまうことになります。

ここでの本題は、ＡＩと仕事の関係です。一説によれば、ＡＩがこのまま発達していくと、いまある仕事の半分以上はなくなるとも言われています。人間の仕事がＡＩに取られてしまうというのです。オックスフォード大学のマイケル・オズボーンがカール・フライと書いた論文「未来の雇用」（二〇一三年）によれば、現在の米国の雇用者のうち、四七パーセントが将来に職を失います。たとえばレストランでお客さんを席まで案内してくれるウェイター、会社の給与・福利厚生担当者、集金人などがそうです。他にもいろいろありそうですね。

あるいは将来的には、同時通訳者や翻訳者なども、大幅にＡＩに取って代わられるかもしれません。みなさんはグーグル翻訳などを試したことがありますか。あれを見る限り、ＡＩの翻訳能力はまだそれほど高くないようです。それでも近い将来、ドラえもんの「ほんやくコンニャク」に近いものができる可能性はあります。

下手をすると、知的専門職の最たるものである、弁護士や医師ですら危ないかもしれません。時々、いろいろ検査をしてデータはたくさん調べるけれど、結局何の病気なのかに関して、どうにも見立ての悪いお医者さんがいますよね。数値は調べれば誰でもわかります。過去の症例を全部調べてみて、症状とデータを付き合わせ、この症状ならこの病気ではないかと判断する能力なら、あるいは勘の悪いお医者さんより、ＡＩの方がよほど正確かもしれません。「このデータと、最近の病気の流行を考えてみても、あなたは○○病の可能性が高いですね」と、ＡＩが診断してくれる日も近いかもしれません。そのような時代に、みなさんはどんなお仕事を選ばれるでしょうか。ＡＩに取って代わられることのない、人間ならではの仕事なんて、本当にあるのでしょうか。

政府や政治は何をどこまでするべきか？

さて、このひと月の間（二〇一七年五～六月）も政治に、ずいぶん動きがありましたね。ここ数日の間に何かありました？

――パリ協定。

なるほど、またトランプ大統領が議論を引き起こしていますね。気候変動を抑制するための国際的な協定であるパリ協定から、アメリカが離脱を表明したのです。この協定がアメリカ国民にとって不利だというのですが、この大統領、ことごとく多国間の取り決めに反発を示しますね。日本の国内の方はどうでしょうか？

――共謀罪！

そうですね。これは今回の本題ではないのだけれど、組織的犯罪処罰法の改正により、共謀罪（テロ等準備罪）の規定が盛り込まれることになっています。みなさんは共謀罪についてどう思いますか？

――犯罪を実行しなくても、お金などを準備しただけで逮捕されるのは厳しすぎないかなって思う。

なるほど、確かにそうですね。法学部に進まないとわからないかもしれませんが、近代刑法の原則では、「何か悪だくみをしているだろう、はい、逮捕」というわけにはいかないことになっています。仮に心の中で悪いことを考えたとしても、それだけでは犯罪にはならない。「試験がせまっているし、ちょっと学校に火をつけよう」と考えたとしても、それで犯罪になりますか？

――考えるだけならいいけれど、たとえばツイッターとかで……。

「燃やしてしまおう」とツイートしたら、それは文字どおり炎上になるね。この場合、単なる悪ふざけの場合でも、実行行為とみなされる可能性があります。ただし、あくまで具体的な行動に出ない限り、心の中で悪いことを考えただけでは罪にならない、実行して初めて罰するというのが、近代刑法の原則です。

「何だかあいつ、頭に来るなあ。落とし穴でも掘ってやろうか」と思ったことはありませんか。仮にそう思うことはあっても、ほとんどの人は実行に至りません。悪いことを頭の中でだけ夢想する人はたくさんいるでしょうが、そのような夢想まで処罰していたらきりがありません。むしろ「お前、何か悪いことを考えているだろう」と、その時々の権力者による恣意的な処罰が横行するかもしれない。近代刑法はそれを危惧したのです。

これに対して、今回の共謀罪では行為には及ばなくても、準備に着手したら罰することができるということで、近代刑法の原則からはかなり踏み出る内容を含む法律になります。

これだと、いったいどこまで準備したら罰せられるのか。悪だくみをして、変な武器でもつくれば、それはいけないと思うかもしれません。が、たとえば、材料を買ってもいけない、相談してもいけない、となると準備の概念がかなり広がります。「学校を燃やしてしまおう」というツイートではないけれど、かなり微妙な場合も出てくるでしょう。法案を準備している政府側はあくまで、「普通の生活を送っているまっとうな市民には関係ない、変なことしなければ大丈夫」と言うのですけれど、どこまでが「まっとう」でどこからが「変なこと」なのか、実は線を引くのがとても難しい。

もう少し聞いてみよう。どう思った、共謀罪?


——やっぱり線引きが難しいなと思います。


やはりそこが問題だね。もちろん、テロは防止した方がいい。ただし、実行前のどこの段階で、ここからは犯罪と言うことができるのか。犯罪を実行したら逮捕するというのが一番わかりやすいのですが、そうでないとすれば、実行前のどの段階までを処罰の対象にするのか。

これまでも、暴力団などの反社会的組織に対する法律はあったわけです。でも、今回はどのような組織にまでに適用するかも問題になります。たとえば豊島岡陰謀団というのをノリでつくって「先生たちに反乱を起こそう!」と盛り上がったら、危険な破壊集団とみなされるのでしょうか。

極論を言えば、政府は何もしなくていいという立場もあると思います。逆に、やはり犯罪は完璧に取り締まってほしいという希望もあるでしょう。そうだとすると、政府が何を、どこまで取り締まるべきなのか。これは本当にしっかりと考えるべき問題です。今回の共謀罪だけでなく、みなさんも息長くこの問題を追っかけてほしいと思います。

さて、その延長線上で、今回はみなさんが「働くこと、生きること」を考える上で、政府や政治に何を、どこまでしてほしいのか、あるいはしてほしくないかについて、ぜひみんなで考えていきたいと思います。

長時間労働は当たり前なのか？

最初はちょっと重たい話です。二〇一五年の一二月、大手広告代理店の新入社員だった女性が過労で自殺をした事件がありました。翌年の九月に労災（労働災害）認定がなされました。この事件について、みなさんはどう思いましたか。

――残業時間が長いかどうかというのは、私は働いていないからわからないですけど……。

ひと月の残業時間が一〇五時間に達したとの報道があります。一日だとどれくらいになりますか。一か月に二〇日間あまり働くとすれば、一日に五時間くらい残業することになりますね。

――でもその女性だけじゃないと思うから。会社自体がそういう雰囲気かもしれないし、この業界以外にも日本にはそういう会社はあるだろうし……。

そうですね。夕方五時過ぎまでが勤務時間として、そこからプラス五時間だとすると、夜の一〇時から一一時くらい。「うちのお父さんお母さんだって、それくらいまで働いている」という人もいるかもしれません。しかし、一〇五時間と報じられているけれど、実際にはそれ以上だった可能性もあります。たとえば、会社の飲み会が多くても、通常は労働時間には入れません。それでも、半ば参加が強制されていたり、お客様の接待をせざるをえなかったりして、実質的には業務の場合もあります。実際、飲み会が終わった後に、また会社に帰って仕事をしたりすることもあるわけです。そうなるともう、夜中の二時、三時なんていうことになってしまう。それがずっと続けば、肉体のみならず、精神にも疲労が蓄積します。うつ病などになる危険性も高まります。この事件でも、最終的に、労災であるとの認定がなされました。

最初、新聞やインターネットの報道では、「会社が悪い」「上司の責任」という声が圧倒的でした。しかし、その後の議論の中では、「それくらい働くのはめずらしくない」「特別な事例ではない」という声も散見されるようになりました。

インターネット上では、外資系企業出身の方でしょうか、「いまどきの世界のグローバル企業では、みんなそれぐらい働いている。一〇〇時間くらいでどうこう言うべきでない」と発言して、議論を引き起こした人がいました。新たな事業のスタートアップ時など、「これからが勝負だ」というときには、数か月間会社に泊まり込んで、家に帰らないこともあるというのです。

確かに、自分の意志でここぞというときにとことん働いてみるということはあるかもしれません。ただし、その場合も、自分の意志で、というのがポイントですね。その長時間労働が本当に自分の意志によるものなのか。そこが問われると思います。みなさんはどう思いますか。

みなさんも将来働く人が多いでしょう。会社でこういう事件が再び起きる可能性を完全には否定できません。あなた自身がその被害者になるかもしれない。どう思うか、ちょっと話し合ってみてください。

はい、では意見のある人は?


——上の世代が悪いっていうか、日本がいままで積み重ねてきた伝統があるんじゃないかと思います。一生懸命仕事をして、残業をして、ちゃんと納期に間に合わせる。それがいいというこれまでの前提がありますよね。でもいまの二〇代とかの若い人たちは、それとはちょっと違う考えを持っている。もうちょっと休みたいと考えてもそれができず、ただストレスが溜まっていく。どんどん自分を追い込んでいくけれど、逃げ道がない。休もうとか、逃げようという考え方の人が会社の中にいなくて、あるいはいないように見えて、負のスパイラルに落ちていったのかな。


日本の会社では、どうしても労働時間が長くなるという話がありますね。かつては長い時間働くというのを良しとする文化があったとしても、いまはもう時間の感覚も変わったのだから、「このままでは無理」「もうがまんできない」というときに、逃げられないとまずいはずです。ところが、まわりに同じように感じている人がいるのかわからない。自分ばかりがそう思っているのではないかと躊躇《ちゅうちょ》しているうちに、だんだん逃げ道がなくなってしまう、そういうご意見ですね。とてもリアリティのある見方だと思います。

僕は昔に何年間か、フランスで過ごしたのだけれど、働く文化という意味では、だいぶ感覚が違うのに驚かされました。フランスでは五週間の有給休暇が法律で定められていま す。実際、五月くらいからみんなそわそわし出して、「バカンス、どうする」なんて話を始めます。七月以降になると、どこに連絡しても「担当者はバカンスに出かけていません」という返事になる。それではいつ帰りますかと聞いても、「九月にならないと帰ってきません」なんていうことがザラです。

また、仕事の分担がはっきりしていて、同僚の仕事を代替するという発想も弱いので、どうにかしてくださいと言っても、「担当者が帰ってくるまでは……」と放置される。ある意味で、ここまで徹底しているのかと感心しました。日本だったら、ちょっとありえない対応ですよね。でも、フランスの場合、「バカンスは労働者の権利だから、仕方がない」という感覚が一般的です。人に長時間働けと言えば、めぐりめぐって、自分も長く働かされる。ならば、人にも休む権利を認めるということですね。

逆に、日本の場合、職場の仲間が一生懸命遅くまで残業しているときに、「私、バカンス行ってきます」とは、なかなか言いにくいですよね。「今日、早く帰ります」とさえ、なかなか言えない。でも、そうやってみんなで互いの労働時間を長くしてしまっている側面があります。

他にはどうですか？

――学校の部活でも、自分ではできると思っていても、友達は大変だと思っていたりすることがある。人によって許容範囲が違うので、人に自分の思っている許容範囲を強制したら、平気じゃない人に無理がいっちゃうんじゃないかな。

自分は大丈夫でも、周りにはそうではない人もいる。でも自分が頑張っていると、つい「あなたも頑張ってよ」と言いたくなる。そこで、さっきの話ではないですが、先に帰るとなかなか言い出せなくなるのでしょうね。人によって許容範囲が違うというのは大切な指摘です。

いったいどこに問題があるのでしょうか。後で、さらに考えてみたいと思います。

2 女性が活躍する社会ってどういうこと？

現在、安倍内閣によって「すべての女性が輝く社会づくり」が掲げられ、女性活躍推進法という法律も成立しました。「働きたいというすべての女性に、その個性と能力を発揮できる社会」が、その目標として掲げられています。その理念自体はとても大切でしょう。とはいえ、これで本当にすべての女性が活躍できる社会が実現すると、心から信じている人は少ないはずです。

これまでの話からしても、「女性活躍」とはすなわち、すべての女性が男性と同じように長時間労働を強いられるということならば、ありがたくないですよね。必死に働いて、午前様になるまで残業して、「はい、平等ですね」と言われても、そんな平等ならばほしくない。単に人口が減少した分を、女性の労働力でカバーしようというだけなら、「女性活躍」とはほど遠いですよね。

ちょっと気になる数字があります。ジェンダー・ギャップ指数という数字です。これは女性の国会議員や企業の女性管理職の割合など、さまざまな指標を合わせてつくったもので、男女間の平等度を測る世界的な基準とされています。もちろん、いろいろな要素が入っていて、数字で測れない微妙なところも当然あるでしょう。ですからその数値が絶対とは言えません。とはいえ、日本はいま一一四位（二〇一七年）です。一四四か国中の一一四位、ものすごく低い順位ですよね。それも、二〇〇六年には七九位だったのが、二〇一〇年に九四位、二〇一三年に一〇五位と落ちる一方です。男女の平等を実現すべく、世界的な動きがあるなかで、日本だけが取り残されている、あるいはむしろ、ズルズルと後退している印象です。

どうですか、この数字。日本の女性が男性と比べて非常に不平等な境遇に置かれている社会であると国際的には認定されているのですが、その実感がありますか？

——ないです。

だよね、なぜだろう。国会議員の数は確かに少ない。世界的な潮流としては、国会議員を男女同数にしよう、少なくとも候補者の数くらいは男女平等にしようと盛り上がっているのに、日本の女性議員はなかなか増えません。小池百合子東京都知事みたいに目立つ人もいますが、数としてみれば、お話にならないくらい少ない。

社長を含め企業の管理職も、女性は非常に少ない。アジアの国々ですらどんどん変わっている時代です。フィリピンなど、女性の管理職の割合が世界でトップクラスです。日本だけがその流れに取り残されています。

先ほど文化とか歴史という話がありましたが、こういうふうに言う人がいます。男の人が外で働いて、女の人が家を守るのが日本の伝統なのであって、昔からそうなのだ、と。どう思いますか?

——女性は働いていたとしても、結婚や出産で辞めちゃう人が多いから、全体的に見ると男性の方が働くというイメージが強い。

男の人も子育てを共に担うのが当たり前の時代ですが、それにしても出産と子育ては、女性にとって大きな負担ですよね。女性の就労状況はよくM字カーブと言われます。就職して働き始めるけれど、出産や育児の際に職を離れて、三〇代を中心に働く人が減ってしまう現象ですね。子育て世代が大きく労働から抜け落ちてしまうわけです。全般的には、このM字カーブの底が浅くなり、解消に向かっているとされていますが、この時期に離職して、元の仕事には戻らない人も多いでしょう。男の人が外で働き、女の人は家の中ということなら、それでもいいという考え方は当然ありますが、どう思いますか？

――女の人でも、みんな働きたいのかって言われると、それはちょっと違うんじゃないかなと思います。

いろんな生き方がありますよね。女性も外で働くのが当たり前と言われたら、何かちょっと違う、自分はそうではない、という人は当然いると思います。

家で家事をするのだって、もちろん働くことです。かつてイヴァン・イリイチ（一九二六―二〇〇二）という人が「シャドウ・ワーク」という言葉を唱えました。オーストリアのウィーン出身の哲学者で、アメリカなどで活躍した人物です。

イリイチによれば、家の中で働くのも、それに対する現金の報酬がないだけで、働いているという意味では同じです。また、このような家の中での仕事を誰かがしてくれることで初めて、別の誰かが外で賃労働をすることも可能になるわけです。このような「シャドウ・ワーク」の大切さを、いま一度思い起こしてみる必要があります。

「女は家で家事をする」は日本の伝統？

ただちょっと注意していただきたいのは、「男の人は外で

働き、女の人は家にいるのが日本の伝統だ」というのは、歴史的にみると、必ずしも正しくないということです。

考えてもみてください。農家でお父さんだけが田畑に行って農作業をして、お母さんは家の中にずっといると思いますか。ありえないですよね。田植えとなれば家族総出でやるし、お母さんも外で一緒に働きます。小売店もそうです。働いているのはお父さんばかりではありません。いまはスーパーだからあまりピンとこないかもしれませんが、昔ながらの商店街のお肉屋さんや八百屋さんで働いているのは、おじさんとおばさん、というか女の人の方が多いのではないでしょうか。

日本は、ついこの間まで、国民のほとんどが農業などに従事するか、あるいは小さな店などで働いていた社会なのです。そうだとすると女性が働くのは当たり前です。ある時期まではむしろ、アメリカやヨーロッパに比べても、日本の女性の就労率は高かった。欧米の方が職場における男女差は大きく、職場で女性は排除されがちだったのです。日本は二〇世紀半ばくらいまでは、女性が働いて当たり前の社会でした。それが変わったのは高度成長期からでしょう。

みなさんはサラリーマンが当たり前だと思っているけれど、サラリーマンというのは、とても新しい働き方です。戦前にはそんな仕事は、ほとんどありませんでした。お父さんもお母さんも、家や家の近くで働いていました。農家の人であれ、商店の人であれ、家と職場は同じ場所にあるか、そうでないとしても二つはそんなに離れていませんでした。自分の家の周りで稼いで、その収入で家族みんなが生活をしてきたわけです。
ところが戦後、サラリーマンが増えていきます。お父さんが都会にある会社で働くようになり、家から離れたところに通勤するようになった。その分、残された家事はお母さんが分担します。現金収入はもっぱらお父さんということで、社会学などでは「男性稼ぎ手(male breadwinner)」モデルなどと言います。これを専業主婦であるお母さんがサポートする仕組みであるわけです。このようなモデルが日本社会において広く見られるようになったのは、高度経済成長期以降です。みなさんは生まれたときからこういうものだと思っているだろうけれど、日本の長い歴史においては、つい最近できた、かなり新しい分業モデルなのです。

しかし、このモデルはもうすぐ終わるのではないでしょうか。いまは男性も女性も働かないと収入的に苦しいということで、元の日本の姿に戻るかもしれない。失業の可能性もありますから、二人で働いた方がそのようなリスクを回避できる。そんな気がします。ですから、男性が外で働き、女性は専業主婦というのは、ずっとそうだったわけではなく、けっして日本の伝統でもないということを強調しておきたいと思います。

文化とはずっと変わらないもの、と思ってしまいがちですが、多くの場合、仕組みや制度の問題であり、歴史のなかで変わっていくものなのです。さらに言えば、仕組みや制度を変えることで、新しい働き方の文化をつくり出すことも不可能ではないのです。

日本の伝統?

・農村、商家では女性も働くのが当然

・欧米のほうが職場における男性優位と女性排除が強かった(~20世紀前半)

・「男性稼ぎ手(male breadwinner)」と「専業主婦」のモデルはむしろ新しい

会社の一員として働くか、仕事ごとに働くか

働き方を二種類に分けて、ジョブ型とメンバーシップ型があると最近よく言われます。ジョブ型は、文字どおり、仕事があって、その仕事に合わせて人が採用されるという雇用の仕組みです。これに対してメンバーシップ型は、まず人を組織の構成員として採用して、それから仕事を割り当てます。これまでの日本企業の場合、多くがメンバーシップ型であったのに対し、欧米ではジョブ型が中心であると言われてきました。ところで、S先生、こちらの学校にいらっしゃる際、契約書を結ばれましたか？

——結んでいないです。

「あなたの職務はこれと、これと、これです」と説明されましたか？

——言われてないと思います。

授業は何時間で、部活が何時間、それから生徒さんが何か相談してきたときも相談に乗るべしとか、そういうことがいちいち書いてありましたか？

——なかったです。

そうですよね。僕も実はありませんでした。でも、考えてみると、これはヘンではないですか。普通は仕事を引き受けるときに、「あなたの仕事は、これと、これとこれをやっ

てもらいます」と伝えますよね。僕の場合、給料の額さえ事前には知らなかったのです。書類をよく読んでみると、「規定に従って支給される」とありましたが、規定に従うと具体的にいくら給料をもらえるかはわかりませんでした。

さすがにいまどきは、もう少し明確な説明があるでしょう。僕のように、給料が振り込まれて初めて、「ああ、自分の給料はこれだけの額なのか」としみじみ思うのは、あまりに呑気でしたね。

このように、これまで日本の多くの職場では、「あなたの仕事はこれです。これに対し、給料はこれだけ支払います。労働時間は何時間です」といった明確な事前通知が、基本的にはありませんでした。現在では、有期や短時間雇用の場合など、職務や時間あたりの給与がもっとはっきり示されます。とはいえ、無期雇用の場合など、いまでも入社式で言われるのは、「会社に入ったら頑張ってくれ」みたいなことばかりで、具体的に何を頑張るのかは、実際に職場に配置されるまでわからないことがほとんどです。

だいたい最初に研修があって、しばらくすると「あなたは総務課」「君は営業ね」「あなたは中国の工場に行ってもらうから」といきなり言われたりする。その後しばらく勤めても、結局のところ、何が自分の専門なのかもよくわからない。公務員でもそうではないでしょうか。現場のことをやりたいと思っていたら、いきなり予算や人事の仕事を担当させられたりする。日本の雇用形態は、その意味ではすごく不思議です。逆に言えば、最初から専門を決めるのではなく、時間をかけて、自分なりの適性を見つけていけるというメリ

ジョブ型
事務職1名募集します!!
欠員がないと異動はない
職務給
ぺた
事務
技術職
営業職
ぺた
就職

メンバーシップ型
会社
今度はこっちの部署ね
君の仕事はこれ!!
事務
営業
技術職
社員
社員
新卒採用
就職
職能給

ットがあるとも言えます。

このような雇用形態は、「あなたはこれから、この組織の一員になってください」ということです。つまり、文字どおりメンバーシップ型ですね。これこれの仕事をしてくださいという前に、まずはこの組織の一員になることを約束するわけです。メンバーになることが大切なので、具体的に何をやるかは、その次のことになります。

これに対し、欧米では「あなたはこういうことをしてください。それに対していくら給料を払いますよ」というのが前提のジョブ型が中心です。

これまで日本社会の雇用形態はジョブ型ではなくてメンバーシップ型が中心でした。もちろん、その背景には雇用が安定的に確保されていることがありました。いったんその組織の正規メンバーとして認められれば、その後の雇用は長期的に保証される。そう簡単にクビになったりしないわけです。「終身雇用」などと言われたものです。さらには、勤続期間が長くなるほど給与も上がっていく「年功序列」も、広く見られました。

これらを総称して「日本型雇用」と言われることもありました。日本が高度経済成長を迎える時期に、熟練した技術やノウハウを持った人材を安定的に確保するという意味で、雇用する側の企業にとっても、雇われる側の労働者にとっても一定のメリットのある仕組みでした。

しかしながら、みなさんもご存知のとおり、このような安定的な雇用形態は日本でもいまや崩れつつあります。現在では、企業は経営状況が悪くなった場合、しばしば「リストラ」と称して人員削減をはかります。働く側にしても、就職してみないとどんな仕事をするのかわからない、それなのにいつ首を切られるのかわからないのなら、仕事と給与がより明確なジョブ型の方がいいという人もいます。

みなさんはどちらがいいですか。メンバーシップ型とジョブ型、将来どちらがいいでしょうか？

――ジョブ型の方がいい。

ジョブ型の方がいいですか。いまは、社会全体を見ても、ジョブ型の方に向かっていると言われることがありますね。逆に、メンバーシップ型の方がいいという人はいますか？

――ジョブ型は自分の能力がないと……。メンバーシップ型でも、切られるってこともあるかもしれないけど。

長期的に組織の一員として保証してくれるのなら、その方がいいという人もいますよね。いったん組織に入ったらずっと「仲間」として扱ってくれて、生涯面倒をみてくれる。その方が安心して働けるという考え方は十分にありえます。これといって自分の専門性がはっきりしない場合、とくにそう感じるかもしれません。とはいえ、現在では、そのような長期雇用を保証してくれるような職場はどんどんと減ってきているわけです。その意味では本来のメンバーシップ型の雇用は一つの憧れの対象かもしれません。

——大企業ではなくてベンチャー企業のように、新しいことに挑戦するのだとしたら、仕事をあらかじめ与えられてやるんじゃなくて、その場にいるメンバー全員でこうしよう、ああしようとアイデアを出し合えたりする方が効率的に進むと思う。だから、私はメンバーシップ型の方がいいと思います。

先ほどのフランス人の例ではありませんが、あまりに硬直的なジョブ型だと、隣の人のことさえ「知らない」で終わりになってしまうかもしれない。それよりも、メンバーシップ型で、チームのみんなで助け合ったり、相談したりしてやっていく方が仕事もうまく進むのかもしれない。どちらが絶対的に良いとは言えません。でもいまの日本では、下手をするとジョブ型とメンバーシップ型それぞれの悪い部分が合わさって出てきている場合もあると思うのです。難しいところですね。

働き方は制度・政治の問題

一九八六年に施行された男女雇用機会均等法は、採用や昇進をはじめ職場における男女の差別を禁じるものです。この法律によって、出産や育児を理由とした退職の強要や不利な配置転換は禁止されることになりました。また、これを機に、女性社員のための総合職の制度が設けられました。ある意味で、女性を男性社員と同じメンバーとして会社に迎え入れる道が開かれたわけです。しかしながら、それによって結局何が起きたでしょうか。先ほどの過労死事件が想起させるのは、男の人はいつも夜中まで働いているのだから、女性も同じくらい働けという論理です。

現在のような長時間労働を前提とした場合、男も女も同じようにずっと職場にいたら、どうやって家庭生活を営むのでしょうか。子育てやお年寄りの介護などは、誰がやるのでしょうか。男女両方が同じように長い時間働けば、どこかで無理が生じてしまいます。

そうだとすると、男性社員と同じように無理な働き方をするメンバーシップ型は、女性にはしんどいという声も出てきそうです。それに比べ、ジョブ型の場合は時間を決めることができるなど、自由度が高いという意見もありえるでしょう。ただし給与面では、同じ仕事をしている正規社員に比べて待遇が悪い場合もありえます。また、社会保険に入るためには一定の条件が必要です。

その意味で、日本の女性の働き方は二極分化しています。男性と同じようにメンバーシップ型で遅くまで働くか、さもなければ、多少は条件が不利でもジョブ型で働くか。いまは事実上、後者が増えている状況です。

同じ仕事なら、正規の人がやろうが非正規の人がやろうが、あるいは男の人がやろうが女の人がやろうが、同じ賃金でなければならないというのが、「同一労働同一賃金」の大原則です。にもかかわらず実際には、同じ仕事をしても同じ賃金をもらっていない場合が圧倒的に多い。そして非正規化は女性の方が圧倒的に進んでいる。いまや女性の就労の半分以上が非正規です。どうもジョブ型社会への移行がかなりいびつな形で進んでいるように思えてなりません。

少し先走りましたが、要するに私たちの働き方における問題は、実は仕組み、制度の問題なのです。みんなが働いているから、日本社会が大変だから、というだけではないのです。ジョブ型社会に移行していくという割には、まだまだ同一労働同一賃金が徹底していない。やはりこれは、政治の問題なのです。

職場におけるさまざまな問題を解決するための労働組合も、組織率が高くありません。ついに二割を切るようになってしまいました。いまや組合があるのは大企業の正規社員が中心で、多くの中小企業の社員や、非正規の労働者の場合、組合に入ることが難しい状況があります。

僕は昔、職場の職員組合の委員長をやっていたことがあります。昼休みに組合室にいると、そこに非正規で働いている

[図 2-1] 正規，非正規の職員・従業員の推移

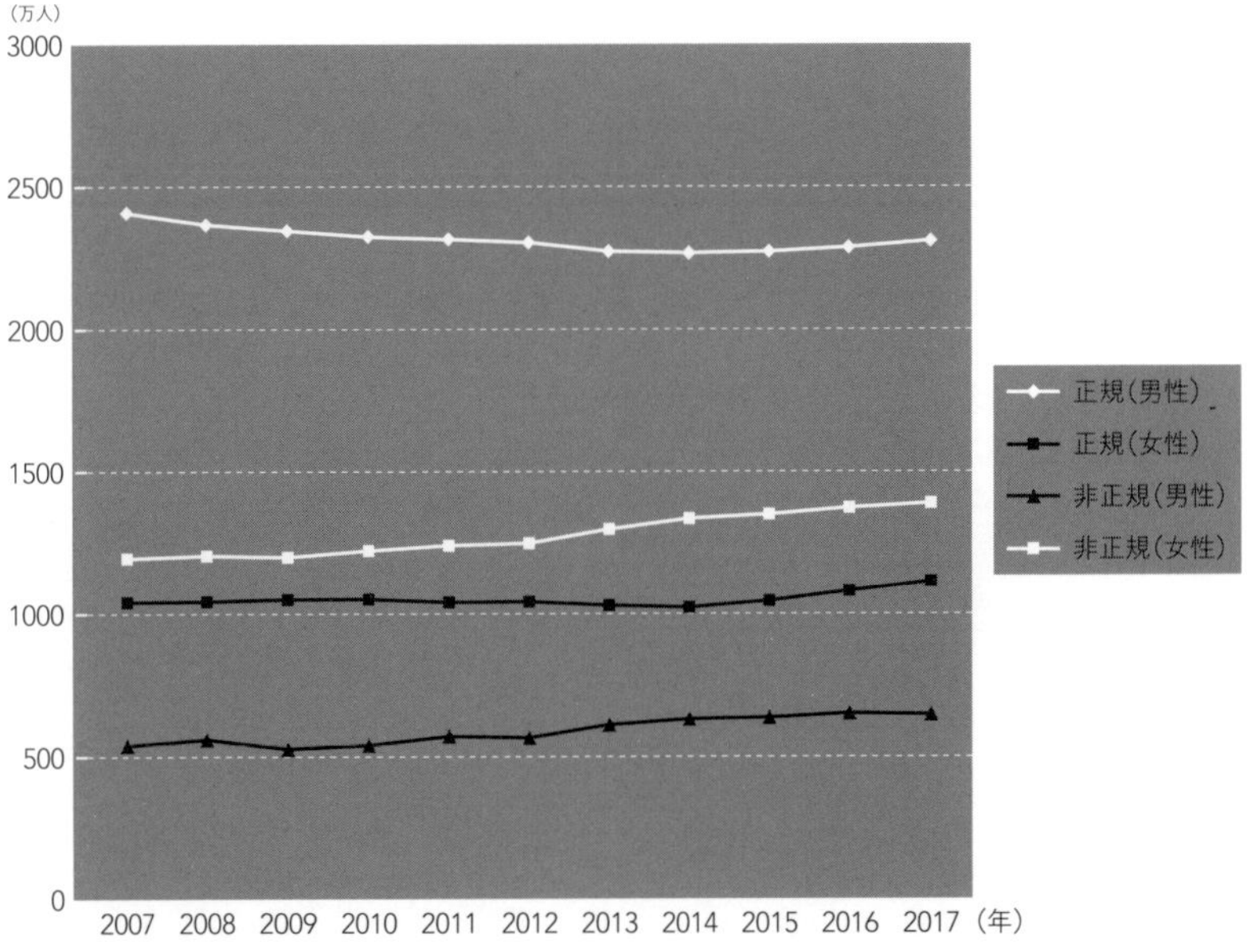

※総務省統計局「労働力調査（詳細集計）平成 29（2017）年平均（速報）」（平成 30 年 2 月）より作成。

女性の方がいらしたことがあります。彼女は組合員ではありませんでしたが、話を聞くと、職場で本当に困ったことがあって、それでも誰に相談すればいいかわからなくてきたということでした。難しいですね。

職場で困っている人のために労働組合があります。ところが、本当に困っている人が実は組合に入っていない。相談したいことがあっても、相談できる相手や場所がない。どうしたらメンバーシップ型の正規職員中心の組合を、同じ職場で働くより多くの人のために開いていけるか。いかにして組合を、職場で本当に困っている人のための組織にしていけるのか。いろいろ考えましたが、いまでも心に深く残っています。

やはりこれも、結局は仕組みや制度の問題、政治の問題なのです。

- 人がどのように働くのか、その仕組みや制度は政治が決めるべきこと
- 一人ひとりの個人が安心して働くために、社会はどのようなサポートをすべきか

3 民主主義と市場経済の間には

悲鳴をあげる民主主義

ここまで、人が働くということと政治の間にどのような関係があるかをお話ししてきました。ここで、前にも触れましたが、市場経済と民主主義についていま一度考えてみたいと思います。

前回、グローバル化が進むなかで、市場経済と民主主義の関係が微妙になっているという話をしました。グローバル化によって豊かになる人もいれば、ダメージを受ける人もいる。現在の先進国では、むしろダメージを受ける人の方が目立ちます。結果として、グローバル化に対して、民主主義の側が異を唱える事例が増えています。市場経済の動きに対して、民主主義がともかく「ノー」と言っているわけです。イギリスのブレグジットや、アメリカにおけるトランプ大統領の当選についても、そのような側面があります。トランプ大統領の当選を後押ししたのは、アメリカのラストベルトと呼ばれる地域に住んでいる、けっして豊かとは言えない白人労働者たちでした。彼らの不満がトランプ大統領を生み出したのです。

これに対し、お隣の中国の場合は、その政治体制はいまだ十分に民主主義的とは言えませんが、急速な経済成長を経験しています。そうだとすれば、別に民主主義でなくても経済は成長するし、ひょっとしたら、民主主義でない方が経済の成長が早いという考え方も出てくるかもしれません。民主主義の下では、いろいろな決定に時間がかかります。多くの人が政治に参加して、その間の調整をしなければならないからです。これに対して独裁体制の下では、指導者が望めば法律や制度の仕組みの変更は速やかに実現されます。

かつては民主主義と市場経済の発展は、共に手を取って進むとされてきました。ところがいまや、そうは簡単に言い切れない状況になっているのです。

——自由な市場経済と政治がどうつながっているのかよくわかりません。

そうですね。かつてグローバル化がいまほど進んでいなかった頃には、自由な市場経済と政治のつながりははるかにわかりやすかったと思います。一つの国において自由な市場経済が発達することで、経済発展が進み、国民の生活も豊かになる。豊かになった国民は政治に関心を持つ余裕が生まれ、そのような人々の声が政治に反映されることで、さらに政治や経済の平等化が進む。このような好循環が世界の多くの地域で見られました。結果として、自由な市場経済の発展と政治、とくに民主主義的な政治の発展は切っても切り離せないとする意見が一般的でした。

もちろん、今日においても、経済の発展が政治の最重要課題であることは同じです。ただし、市場経済と政治との結びつきは、それほど明確ではなくなっています。

一例を挙げると、現代の日本の大企業の多くにおいて、日本人以外の株主の比重が急速に高まっています。もはや企業経営者は、これら外国人株主の声を無視するわけにはいきません。無視するどころか、その意向を最大限に取り入れることなしには、企業経営は成り立たないと言えるでしょう。その意味では、表面的には日本企業であっても、実質的には日本社会との結びつきは薄くなっているということもありえます。

実際、製造業などにおいても、製品をつくるのも、それを販売するのも、ほとんどが海外という場合がめずらしくありません。たとえばトヨタ自動車の場合、二〇一八年度の計画では、国内生産が三〇八万台で、海外生産が五七七万台です。販売についても国内販売が一五五万台で、海外販売は実に七九五万台です（日本経済新聞二〇一七年一二月二一日）。海外の割合は生産が約六五パーセント、販売に至っては約八三パーセントと高く、このような企業にとって日本は、ただ本社があるだけの場所ということにもなりかねません。さらに米国の新興企業などのように、ケイマン諸島など、税の安い場所に本社の籍を置くこともあります。

これに対し、人間の方はそう簡単に国籍や居住国を移せるわけではありません。多くの人の暮らしは、その国と否応なく結びついているからです。そのため、市場経済がどんどんとグローバル化するのに対して、政治の方はどうしても一国レベルの状況を無視するわけにはいきません。

さらに、グローバル化を規制しようと一つの国の政府がいくら頑張ってみたところで、

[図 2-2]外国人保有率の上昇幅が大きい主な企業

銘柄	2017 年 3 月末の保有比率（%）	2016 年 3 月末対比の上昇幅（ポイント）
シャープ	72.6	60.4
日立マクセル	47.0	15.5
トクヤマ	27.8	14.6
ミネベアミツミ	37.4	13.2
リクルート	30.9	12.7
日軽金 HD	27.7	11.4
新明和工業	44.8	10.9
前田建設	26.8	10.4
富士通	48.9	9.8
東芝	38.1	9.7
スクエニ HD	45.0	9.6
安藤ハザマ	38.4	9.0
双日	45.7	8.8
森永	26.0	7.8
東芝プラント	29.5	7.8
ニプロ	21.2	7.7
商船三井	40.8	7.5
西松建設	25.9	7.4

※日経会社情報デジタルから。時価総額 1000 億円以上の三月期企業を対象に抽出。
日本経済新聞 2017 年 6 月 27 日「ニッポンの株主 2017（1）外国人保有比率」より。

多くの企業は海外を相手に、海外に拠点を置いて商売をしているのですから、ほとんど影響を与えることができません。いくら法的な規制をかけようとしても、それが一国限りのものであるならば、グローバル企業がそれを迂回することは極めて容易です。その意味で、市場経済と一国の政治は、今後ますます関係が薄くなっていくかもしれません。

前回お話ししたように、グローバルな視点では、新興国を中心に新たな中間層の拡大も見られますが、多くの国々の内部では、やはり貧富の格差は拡大傾向にあります。このような格差を放置すると、そもそも同じ国を共に支えているという国民の理念が揺らぐことになります。民主主義的な政治を通じて共にその国の未来を決定するといっても、一人ひとりの置かれた状況があまりに違えば、その理念も嘘くさくなるばかりです。このため民主主義は格差を放置するわけにいきませんが、その意味でもグローバルな市場経済との間に緊張が生じています。

このように、市場経済と民主主義が分離して、互いに軋みあっている。それが現状です。民主主義を維持するためには、市場経済が大きな前提となります。とはいえ、格差が拡大していくのをただ放置しているわけにもいかない。

それでは問題をすべて民主主義で引き受けて、経済的に不遇な人をすべてみんなの税金を使って救えばいいかといえば、「えー」という人も多いわけです。民主主義が市場経済をうまく受け止めきれなくなって、悲鳴をあげているのです。

こうなったらグローバルな市場経済の発展を重視して、一国的な民主主義や平等には目をつぶるしかないのか。あるいは、あくまで一つの国の中にあまりに大きな格差があるのは良くないので、いかなるコストを払っても国民の間の平等を維持していくべきか。このような意見の対立をどうすれば乗り越えていけるか、頭を使って考えてみようというのが、今回のねらいです。

経済発展にともなう不平等をなんとかしたい――マルクスの問題提起

ということで、唐突ですが、カール・マルクス（一八一八―一八八三）についてです。マルクスとはどのような人ですか？

――経済学者。

そうですね。マルクスは、資本主義経済の仕組みについて検討した哲学者であり、思想家です。でもどうでしょう、マルクスについて、否定的なイメージを持っている人も多いのではないでしょうか。大学でも入学したての学生に、「マルクス主義」とか「社会主義」と言うと、即座に「よくないものだ」という人も少なくありません。みなさんはどう思いますか？

――なんか現実離れしてる。理想主義すぎる。

どのあたりがですか？

——この人が生きていた時代ならありえなくはなかったかもしれないけど、現代社会には合わない。

なるほど、マルクスが生きた一九世紀は、イギリスを中心にヨーロッパで産業革命が進んだ時代です。工場が次々にできて、経済的に成長していった時期にあたります。ところで、みなさんは小説、あるいはミュージカルとして有名な『レ・ミゼラブル』（原作はヴィクトル・ユゴー著、一八六二年）を読んだり見たりしたことありますか。あの主人公の女性は誰でしたか？

——コゼット！

そう、コゼットでしたね。そのコゼットという女の子が、ほうきを持って立っている絵を見たことありませんか。あれはどういう状況なのでしょう？

——理由は忘れたのですが、母親が宿屋を営む夫婦のところに子どもを預けて、工場で働き、お金を毎月送っていた。でもその宿屋の夫婦がかなりひどい人で、自分たちの子どもをかわいがって、コゼットのほうに過酷な労働を強いたという……。

はい、ありがとう。まさにこの時代に工場労働が拡大して、その働き手となったのは男ばかりでなく女の人、コゼットのお母さんみたいな人だったわけですね。しかし、その待遇は悪いし、当時は子どもを預かってくれるところなんて存在しない。ちゃんとした学校教育すら受けられるか怪しい時代でした。そのため、多くの子どもは学校に行かせてもらえないまま放置されるか、あるいは自らも働かなくてはならなかった。あの絵はその象徴ですね。何と言っても『レ・ミゼラブル』ですから。『噫無情《ああむじょう》』と昔は訳しました。『レ・ミゼラブル』というのは、『悲惨な人たち』ということですよね。

マルクスはその時代に生きた人です。そして、この時代に現れたのが社会主義の思想や運動です。その目標は、人々の間の不平等を何とかしたい、ということにありました。経済的には発展しているとしても、そこから取り残されている人たちがいるのではないか。むしろ、不平等が拡大しているのではないか。いくらフランス革命によって民主主義が登場し、政治的な平等が実現されたところで、みんなが経済的に不平等なままなら、民主政治もダメになってしまう。だから、このまま放っておくわけにはいかない。そのような問題意識自体は、理解できなくはないと思うのですが、いかがでしょう。みなさん社会主義というと、どのようなイメージがありますか？

——計画経済。

なるほど。社会主義国における五カ年計画のようなものですね。ソ連などでは、政府が五年の間に達成すべき目標と手法を定めた長期計画をつくりました。しかし、実際には計画経済を主張したのは、社会主義者たちのうちでも一部の人たちです。マルクス自身も、計画経済について本格的に議論を展開しているわけではありません。彼は生産手段を持たず、したがって生活のために自分の労働力を売って賃金を得る人々をプロレタリアートと呼びました。世の中で最も窮迫しているプロレタリアートの人たちこそが、社会を変革しなければならない。そのように訴えたのです。実際に社会主義国が生まれて計画経済を推進したのは、マルクスが死んでからずっと後のことです。その意味では、彼は変革の必要を訴えたものの、その後の社会のあり方については、それほど明確な見通しを示したわけではない。だからこそ、後にいろいろ問題が生じてしまったとも言えます。どうですか、社会主義について、どのようなイメージがありますか？

——給料が決まっているから……。

ああ、一生懸命働こうが怠けようが、同じ給料だったら働かなくなってしまいますよね。

——自分のやるべきことはやってほしい。

給料の額にかかわらず、自分のやるべきことをきちんとやりたいと思う。それも大切な考え方です。ただ、一生懸命に頑張ったらたくさんお金をほしいし、怠けている人と同じ給料ではやる気が出ない、というのも、率直なところかもしれません。

確かに社会主義については、そのような批判がよくあります。でも、マルクスを含め、多くの社会主義者の問題意識は、もう少し手前にありました。彼らが注目したのはまず、現実に存在する不平等でした。社会の中にあまりに不平等が拡大すれば、それは社会のあり方を損なってしまうのではないか、社会の基盤が崩れてしまうのではないか。いかにして社会における不平等は是正されるか。このことを考える人々のことを総称して社会主義者と呼んだわけです。彼らの間で、その後の社会主義社会のあり方について必ずしも意見の一致を見ていたわけではありません。その意味で、あまりに一面的な社会主義の理解はこの機会に考え直した方がいいと思います。

ちなみに、みなさんご存知でしょうか、最近ではトマ・ピケティというフランスの経済学者が『21世紀の資本』（二〇一三年）というベストセラー本を出しましたよね。世界各国における不平等の現実を、かなり長い歴史的射程において、それも実証的なデータに基づいて検証したことで話題を呼びました。ピケティの見るところ、現在の不平等の水準は、二〇世紀初頭くらいの水準にまで逆戻りしています。確かに第二次世界大戦とその後の経済成長を通じて、各国における不平等は大きく是正されました。しかしながら、いまや二〇世紀初頭の水準にまで不平等が拡大しつつあります。見方によれば、第二次世界大戦後の方が例外的であって、いまや元に戻ってしまったと言えるかもしれません。このような趨勢《すうせい》をどのように捉えるべきか。やむをえないと考えるか、それとも改めて「二一世紀の平等論」を構想するのか。

社会主義の計画経済は確かにさまざまな問題を抱え込んでいました。とはいえ、だからと言って、今後、不平等が拡大する

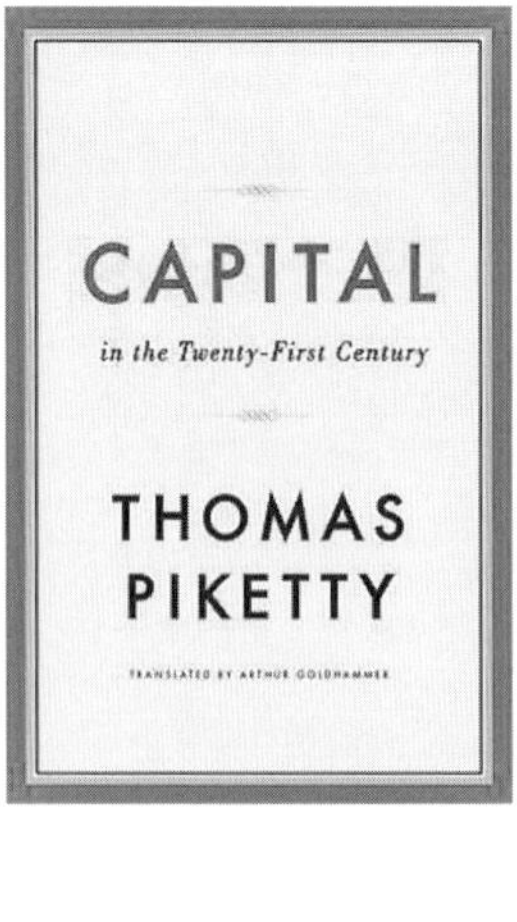

ピケティの『21世紀の資本』（2013年）は、あらためて不平等の問題を実証的な角度から問題化した。

に任せていたならば、はたして民主主義はどこまで持ちこたえられるのか。これがいまの世界の課題です。

最も恵まれない人の利益を最大化しよう！——ロールズの問題提起

次はジョン・ロールズ（一九二一―二〇〇二）の『正義論』（一九七一年）です。聞いたことある人いますか？

——（挙手なし）

ああ残念。一九七一年の刊行ですからもうだいぶ前の本ですね。ロールズは、アメリカのハーバード大学で教鞭をとった、有名な政治哲学者です。政治哲学というと、なんだか難しそうですね。実際、『正義論』はけっして読みやすい本ではありません。しかも、とても分厚い。ところが、この本が登場するや、世界的に大きな反響を生みました。当時、政治哲学にせよ、正義にせよ、何となく古くさい議論であり、あまり現代的であるとは思われていませんでした。ところが、この本によって状況は一変します。どこにそんなインパクトがあったのでしょうか。

みなさんは正義というと何を想像しますか。僕らの世代だと、どうしても「正義の味方」という言葉が思い浮かびます。「正義

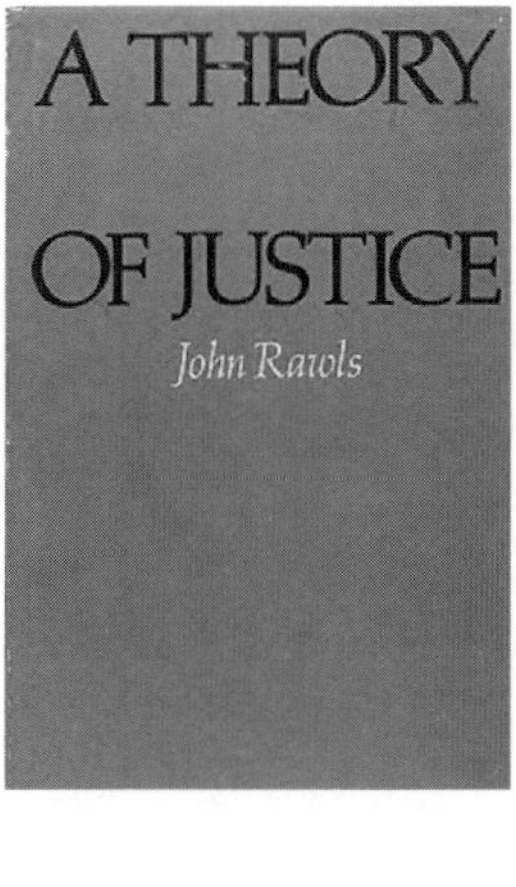

ロールズの『正義論』（1971年）は、公民権運動やベトナム戦争といった時代状況を背景に、社会正義に対する哲学的な関心を再生した。

の味方」が悪い奴をやっつける。でも、ロールズの言う正義とは、そういう意味ではありません。ロールズは、誰でもが納得できるはずの、公正な社会の原理を確立しようとしたのです。

ロールズによれば、正義というのは大きくいって二つの原理、分け方によれば三つの原理にまとめることができます。

第一の原理は、「平等な自由」です。これは当たり前ですね。人は自由でなければならない、それもすべての人が平等に自由でなければならないというのです。第二原理は、「社会的・経済的な不平等が認められるのは、公正な機会均等の下、最も恵まれない人に最大限の利益が与えられる場合に限られる」というものです。こちらはちょっとややこしいですね。この第二原理は前半の「公正な機会均等原理」と後半の「格差原理」とに分けられます。大きな議論を呼んだのは、この「格差原理」ですね。「最も恵まれない人に最大限の利益が与えられるべき」という原理ですが、みなさんはどう思いますか。

ロールズの主張はこうです。社会の仕組みについて考える上で、最も大切な原則は、平等な自由です。ただし、ロールズはアメリカ人であり、社会主義をよしとするわけではありません。すべての人の条件を同じくするというわけにはいかない。やはり社会には競争があり、競争があれば、成功する人もいれば、失敗する人も出てくる。しかし結果はどうあれ、チャンスは全員に平等に開かれていなければならない。つまり、生まれの境遇のせいで最初からチャンスのない人がいるというのはダメなのです。あくまで機会は公正に開かれている必要がある。ここまでは、まあ納得できますよね。

一番おもしろいのは格差原理です。「最も恵まれない人の利益を最大化する」というのです。競争すればどうしても差はつきます。心ならずも、うまくいかない人も出てくるでしょう。そうだとすれば、そのような人をどうするべきか。競争に負けたのだから、その結果をすべて甘受させるべきでしょうか。これに対し、ロールズは、仮に社会的・経済的な不平等が生じるとしても、それは最も恵まれない人の利益を最大化する限りで認められるというのです。そのような条件こそが、公正な社会に必要だと彼は言うのですが、どう思いますか？

——恵まれない人って、そうなってしまったのには理由があると思います。ハンディのせいという場合もあるかもしれないけど、自業自得の人もいるわけだし……。

なるほど、「自業自得」ですか。自分で招いた結果というわけですね？

——そういう人の利益をわざわざ最大化するっていうのはちょっとなんか……。

やりすぎだと思いますか。他の方はいかがですか？

——やりすぎなところもあるかもしれないけど、基本的にはしわ寄せをなるべく少なくするという思想もあるかなと思います。

おもしろいですね。繰り返しになりますが、ロールズは社会主義者ではありませんから、すべてが平等とは言いません。差ができることはしかたがない。一定の社会的・経済的不平等は認めるのです。ただし、その中で一番恵まれない人をなるべく良くしましょうと言うのです。そうは言っても、いろいろなやり方がありますよね。身体的なハンディキャップなど、自分の力ではどうにもならない人もいるでしょう。しかし、努力もせずに自業自得という人もいるかもしれない。そういう人まで、はたして利益を最大化する必要があるのか。それはやはりよくないのではないか。そのような意見は当然、出てくるでしょうね。

どう思いますか、この格差原理。

――自分の努力が足りないからという場合と、そうじゃない場合の見分けができないから……。

うん、これも大切な指摘ですね。うまくいかないとしても、それはどこまでがやむをえないものであり、どこまでが本人の努力不足のせいなのか。それほど明確に線を引くことはできないのではないか、ということです。確かにそうですね。でも、もし明確に見分けがつくとすれば、この原理は認められるべきですかね？

――うん……。

この問題はけっこう奥が深いかもしれません。

社会的正義のための3つの原理
ロールズ
①平等な自由の原理
自由
何を信じても
どんな思想でも
何を言っても
②機会均等の原理
チャンスはみんなにある
それでもなお不遇な人々は……
③格差原理
最も不遇な人の利益を最大にする限りで認められる
偶然
才能がない
不運

運と選択

ロールズがここで議論しているのは、「運と選択」の問題です。人間の人生には、「運」というものがどうしてもありますよね。本人の力ではどうにもならない部分。その結果、うまくいかないとすれば、その人の責任とは言い切れないのだから、それはある程度、社会的に補ってあげないといけない。これがロールズの格差原理です。

とはいえ、やはり自業自得という部分もあるかもしれない。自業自得の結果まで補うのはどうかと思う、というご意見もありましたね。ただ、どこでその線引きをするのか難しいというのは、まさにおっしゃるとおりです。これをなるべくきちんと考えたいというのが、ロールズの発想です。

ロールズがなぜ「格差原理」を考えるようになったのか。そこにはこんなエピソードがあると言います。

ロールズは第二次世界大戦中、兵士として日本軍と戦っていました。厳しい戦いが続きましたが、彼は仲の良い友人と二人でなんとか生き残っていたのです。ところがある日、敵情偵察を上官に頼まれます。上官は「そこの二人、どちらでもいいのだけれど、この任務を引き受けてもらえないか」と言い、結局、ロールズではなく、その隣にいた彼の友人が行くことになりました。ところが、この友人は結局、迫撃砲での攻撃を受けて死んでしまうのです。そのときロールズはしみじみ思ったのです。「自分が生き残って、友人は死んだ。これには何かの理由があるのだろうか。はたして、それは彼の責任なのだろうか。

いやそんなはずはない。これはまったくの偶然だ。攻撃を受けて死んだのは自分だったかもしれない」。まったくの偶然の結果、ロールズは生きて帰り、彼の仲間は死んだのです。競争を重視する人には、成功したのは本人の努力の結果なのだから、その人は報われて当然だという発想があります。でも、ロールズはこのときに考えたのです。世の中には運不運がある。それによって、かたやが命を落とし、かたやが生還する。その場合、生き延びた人間はそれを当然の結果と言えるだろうか。運がたまたま悪かった人に「お前は自分で選んだのだから、しょうがないだろうと」言いうるだろうか。彼はそこから一生懸命に考えました。自分がうまくいったとしても、それは本当に自分だけの功績だろうか――。

ここで野球選手のイチローの例を挙げてみたいと思います。イチローがアメリカのメジャーリーグで大成功したのは、もちろん、並々ならぬ努力によるものです。彼は誰よりも練習したし、工夫をした。結果として、日本のプロ野球でもアメリカのメジャーリーグでも、高額の年俸をもらいましたよね。ところで、あれはすべてイチローが自分ひとりで稼いだと言えるでしょうか。あんなに打つのだから、高い給料をもらっても当然ではないか、そう思いますか?

――いまのすごい地位に着くまでには、いろいろ積み重ねてきたものがあって、それにかかわってきた人たちも、力を貸してあげてきたと思います。

素晴らしい。ロールズはまったく同じことを言ったのです。もちろん、イチローの話は出てきませんが。
イチローはすごく努力をして厳しいトレーニングをして、あれだけのヒットを打った。それは認めるべきだし、彼がたくさんの給料をもらうことは基本的にはいいことである。ただし、それには条件がある。いま言ってくれたように、彼が頑張っていくなかで、いろんな人が支えてくれたはずです。彼らには何のメリットもなくて、すべての報酬をイチローだけがもらうとすれば、イチロー本人だって納得しないでしょう。自分がうまくいった背景には、家族や高校時代の野球部の監督や仲間、そういった人たちのサポートがある。だから彼らにもある程度お金を回したいと思うでしょう。ロールズは、一人が成功するには周りの人がずいぶんサポートしている、一人の力ではないのだと言ったのです。

さらにロールズはこういうことも言っています。イチローの話で言えば、彼は野球の技術で巨額の報酬が得られる時代に生まれたからよかった。もし彼が野球のない時代に生まれていたら、どうだったろうか。いくらバットを振ってみたところで、「お前なにやっているんだ」と言われるだけで、一銭にもならなかったはずです。まあイチローのことだから、野球のない時代に生まれても、木の棒か何かを振りながら、画期的な田んぼの耕し方か何かを開発したかもしれませんが。

野球で儲けることができる現代社会に生まれたというのも、ある意味で運と言えるかもしれません。たまたま生きた社会が、野球の才能を認めてくれる社会だった。それは本人の功績だけではない。だから運と本人の選択を区別する必要がある。成功した人がその報酬を得るのは問題ないけれど、彼の成功がすべて彼の力によるとは言えない。逆にうまくいっていない人も、その人がすべて悪いわけではない。そうだとすれば、最も恵まれない人であっても社会の一員である以上、不運によって生じた境遇の、少なくともある部分は補塡を受けることができて当然だ。ロールズの格差原理の背景には、このような考え方があります。

みなさんはどう思いますか。

頑張った人もそうでない人もすべて同じに、とは言いません。しかしながら、結果に大きな差が生じたとき、成功の報酬をすべて成功者のものとすべきなのか、あるいは運不運もあるから、最も恵まれない人の利益を改善してあげた方がいいのか。少し考えてみてください。

ロールズの主張、どう思う？

では、ロールズに賛成か反対かで多数決をとってみましょう。

まず反対の人は、どうしてでしょうか？

――はっきり反対というわけではないんですけど、教育とかだったら全員が受けられるようにしないといけないけど、自分でやらかしてダメになった人は、自己責任というか、償いというかツケがまわってくるというか……。

なるほど、教育の機会はすべての人に開かれないといけないけれど、だからといって自己責任をすべて否定する必要はないと言うわけですね。他の人は？

——反対の理由は、運と実力の区別が難しいから。不平等を埋めるのに、不運だった人にチャンスを与えて不平等をカバーするのか、その人のお金をあげてカバーするのかが、あいまいだから。

確かにあいまいですね。お金をあげるのか、もう一度チャンスを与えるべきか。その違いも大きいですね。賛成派の人は？

——生まれてきた時点でもう不運な人はいるわけだし、自分でやらかしちゃう人もいる。そう思ったときに、どちらも最低限の生活は保障されなければいけないから、やっぱり……。

なるほど、生まれた家の環境はもちろん、才能だって生まれついたものですからね。生まれてきた時点で決まってしまっている部分もあります。自分でやらかした人も含め、最低限の生活は保障されるべきだと。次の方はどうですか？

——もし給料がみんな一定だったら、頑張っている人はやる気がなくなっちゃうし、頑張らずにお金をもらえる人は仕事をやらなくなっちゃうし。

やはり頑張った人にその報酬を、という考えですね。

――全体的に士気がなくなっていく……。

なるほど、きちんと努力をした人に報いてあげないと、社会全体の士気も下がっていくというわけですね。

――家とか才能とかで差ができちゃうのはかわいそうだから……。

こちらは、自分でどうにもならない部分は補塡すべきという意見ですね。

ほぼ意見が真二つに割れましたね、おもしろいですね。それでいいと思います。

みなさんのイメージする社会主義のように、すべての人の給料を同じにするというのは行き過ぎだとしても、ロールズの言うように、恵まれない人の利益を最大化すべきなのか。その場合、どこまでをその人の責任とし、どこまでを運として捉えるのか。その場合の区別の基準は何か。今後の社会において、とても重要な問題になってきそうです。

とくに恵まれない人に公的に金銭的保障をするとした場合、その財源をみんなが支出するわけですから、そのような仕組みが十分に人々の納得を得ていることが大切です。ですから、ぜひみなさんに考えていただきたいのです。成功した人がきちんと報いられることを重視する人もいれば、うまくいかなかった人を絶望させない方を重視する人もいる。両方の意見があって当然です。そのバランスをいかに取るか、ですね。

——市場経済で格差が問題になっているのは、上にいる人たちが持ち過ぎていて一番下の人たちが救いようのない感じになってしまうからですが、一番上にいる人たちの富を減らすというよりは、一番下にいる人たちを底上げしたいというのが大きいと思うんです。以前、ベーシック・インカムという方法を聞いたのですが……。

これもとても大切な指摘です。ベーシック・インカム論（Basic Income：BI）とは、政府がすべての国民に、最低限の生活を送るのに必要な金額を定期的に支給する政策ですね。現在の日本の社会保障では、その人の置かれた条件によって、細かく支給額を決めているわけです。そのためにいろいろな手続きが必要になるし、調査もしなければなりません。結果として、判断の公平性についての疑義も時に生じてしまう。それならばむしろ、国民一人あたりの金額を決めてしまい、その人の条件を問わず一律に保障しようという発想です。生存のための最低限の所得は保障するけれど、それ以上は自分で努力してください、ということになりますね。すぐに現実化するのは難しいとは思いますが、この考え方を熱心に推奨する人も少なくありません。

今回の冒頭にＡＩの話をしましたが、ＡＩとＢＩはセットだという議論もあります。ＡＩが進化すると、これまで頑張ってやっていた人がある日突然、「あなたの仕事はこれからＡＩがやるので必要ありません」と言われて、失業することがあるかもしれません。それは本人の責任とは言い切れないでしょう。社会が変わったとしか言えませんから。昔から技術革新によって職業を失う人はいましたが、現代ではそのスピードがあまりに早すぎるのです。

いくら時間とエネルギーをかけて一つの技術を磨いても、一瞬でそれが不要になってしまう。そうだとすれば、現在やっている仕事をいつまで続けられるのか、人は片時も安心することができません。人は自分の技術を身につけても無駄だと思うようになるでしょう。これだと社会が成り立たなくなるので、やはりすべての人に、その条件を問わず一律の所得を保障するべきである。その意味で、ＡＩの時代にこそＢＩが必要であるという議論には、一定の説得力があります。

この場合も、保障すべきは、教育や医療など、国民に必要な最低限のサービスであり、お金ではないという考え方もあるでしょう。なかなか難しいですね。

現在、世界の各国で社会保障費が増大する一方、財政状況は厳しくなるばかりです。そうなるとどうしても、「なぜ自分たちのお金をとって、それにふさわしくない人々に与えるのか」という声が上がってきます。「なぜ自分たちの税金を移民のために使うのだ」「なぜ怠けている人間のために、自分の払った税金を使わなければならないのか」。このような怒りに満ちた声が、世界中で渦巻いています。

本来の原則は、すべての人が負担をして、すべての人が必要なサービスを受けられる社会であることです。しかし、それがなかなか難しい。

繰り返しになりますが、これは政治の問題、民主主義の問題です。民主主義がこの問題を受けて立つか、それとももう無理だから、すべてを市場経済に委ねるか。僕はなお、民主主義社会には一定の平等性が必要であると考えています。そのためには、市場経済によって生まれる格差がどこかで是正されなければなりません。その手段に関しては、また議論が分かれますけれども、今回はその問題提起をしました。

・市場経済がもたらす不平等に対し、政治や政府はどのように向き合うべきか

・自己責任の社会がいいのか、それとも生きていく上での基本的な必要を社会的にサポートすべきか

4 日本人は国に何を期待しているのか

日本人はわがまま？

最後にみなさんに聞きたいのは、日本をどういう国にしたいかということです。世論調査でおもしろいデータがあります。

世界を大きく北欧型とアメリカ型の二つに分類します。北欧では、税負担が重く、所得の半分近くが税金で取られる代わりに、生まれてから死ぬまで手厚い社会保障を受けられます。負担は大きいけれど、サービスも多いのが「北欧型」です。

これに対し、税金は少ないけれど、その分受けられるサービスも少ないタイプの社会もあります。いわば「自己責任型」の社会です。実際のアメリカがそうかというとちょっと違いますが、とりあえず「アメリカ型」とします。

みなさん、北欧型とアメリカ型のどちらがいいですか。政府が税金をたくさん取る代わりに手厚いサービスを受けられる社会と、国はあまりサービスしてくれないけれども負担も求めない社会。どちらがいいか手を挙げてみてください。北欧型がいい人は？

――（多数が挙手）

北欧型
福祉
高福祉高負担
大きな政府
税
税
みんなの負担
みんなの福祉

アメリカ型
低福祉低負担
あとのことは
自分で
福祉
税
小さな政府
自立と自助

アメリカ型がいい人はいませんか?

――(四人が挙手)

これは日本人の志向をよく反映しています。世論調査をやっても、だいたい同じような結果が出ます。日本の場合、どこで調査しても、回答者の三分の二くらいが、北欧型がいいと答えます。日本人は北欧型の福祉国家が好きな国民なのです。

ところが矛盾があります。みなさんの中で、必要なことに使われるなら、収入の半分くらいは税金で取られてもいいよという人は手を挙げてください。

――(五、六人が挙手)

うーん。矛盾していませんか。大半の方は、北欧型が好きと答えたのではなかったでしょうか。

いまの日本で消費税を一〇パーセント以上に上げるのはとても難しいでしょう。しかし、そうだとすれば、日本人は矛盾していることになりませんか。北欧型の福祉国家が好きだけれど、税金を払うのはいやだというのですから。サービスはたくさんほしいけれど、税を負担するのはいやだ。そう、こういうのを、「わがまま」と言います(笑)。

いま僕は国立大学法人の職員ということになっていますが、その前の身分は国家公務員でした。日本人は公務員や官僚の悪口をよく言いますよね。公務員や官僚は給料が安定していて恵まれている。その割には、ちゃんと働いていなくて、税金を無駄遣いしている。なんだか公務員はみんなダメみたいな言い方ですよね。本当にそうなのでしょうか。調べてみるとわかりますが、国際的に比較して、日本は公務員の数がとても少ないのです。人口に対する公務員の割合は、先進国の中で極めて低い水準にあります［図2-5］。その意味で、日本の政府は最も小さな政府の一つです。その割に日本政府によるサービスの水準は、社会保障を含めて、先進国の中で真ん中くらいです。最も少ない人員で中くらいのサービスをしている、そう思えばみなさん、もう少し公務員を温かい目で見たくなりませんか（笑）。

それはともかく、福祉国家を望みながら、実際には小さな国家を維持している。サービスはほしいけれど、そのための税金を負担す

［図2-5］公務員数の国際比較（2015年）

労働力人口に占める一般政府職員の割合

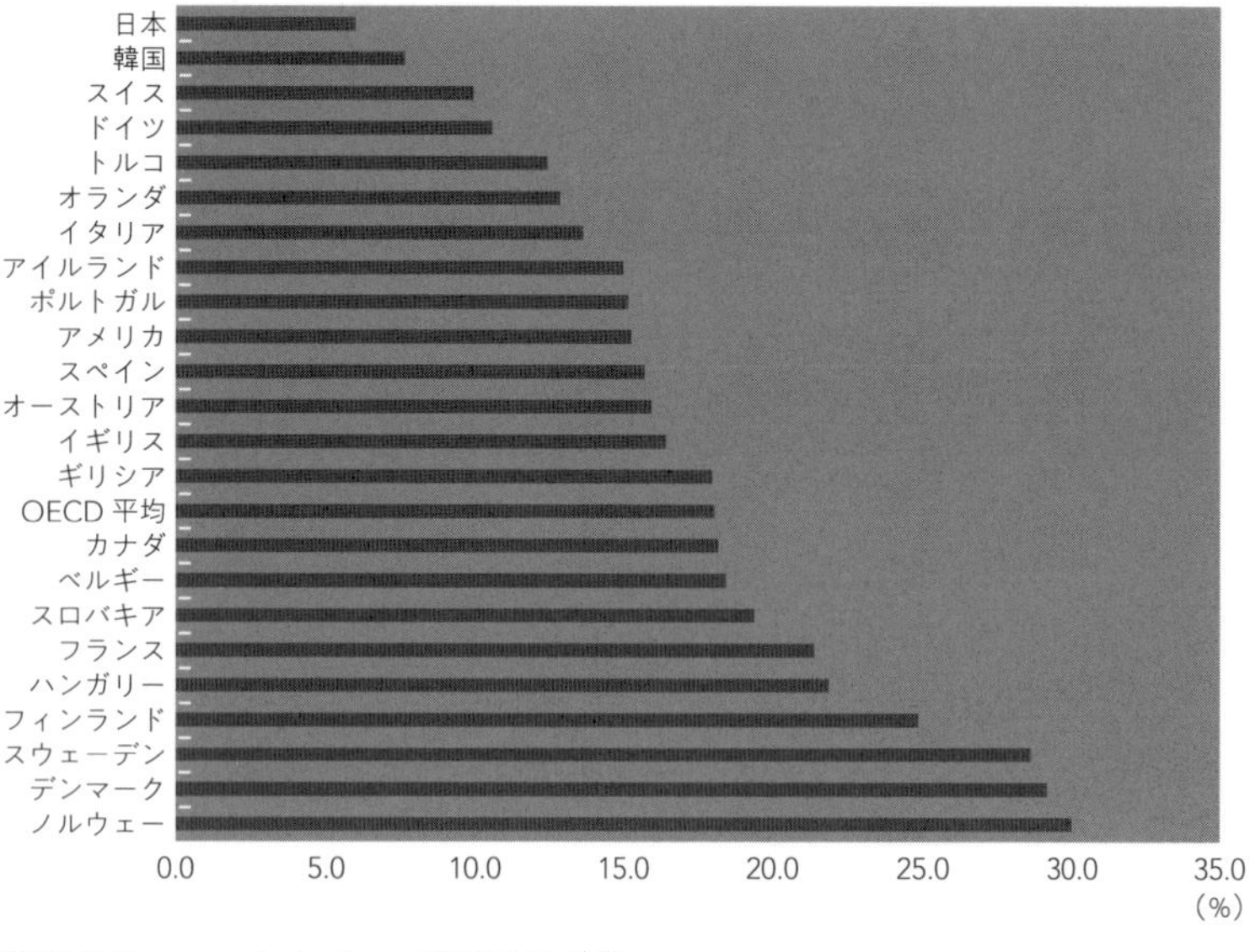

※OECD, *Government at a Glance* 2017 をもとに作成。

るのは嫌い。しょせん税は「取られるもの」なのですね。自分たちの政府を維持するのに必要な費用を、自分たちの税金で支えるという発想はどうも弱いようです。「ばーんと税金を払うから福祉国家をきちんとやってくれ！」というのか、「余計なお金はびた一文払わないぞ、その代わり自己責任でやっていくから」というのか。もう一度聞きます。たくさん税金を払うから、サービスを手厚くしてくれという人はどのくらいいますか。あまり、いませんね……。

払っても返ってこない税金

なぜでしょうか。福祉国家を望みながら税金は払いたくないという「わがまま派」の意見も聞いてみましょう。どうしてですか？

——日本政府に税金を払っても、国の借金とか年金のしわ寄せに使われて、自分たちにはあまり返ってこないという印象だから……。

よくわかる意見です。他には、「わがまま派」の正当化として何か考えはありませんか？

――私も負担が多くても自分に還元されるものが多いなら、喜んで負担するんですけど、いま増税とかしても自分に返ってくる気がまったくしなくて。いまの日本だったら負担はしたくないなって。

うーん、なるほど。あえて「わがまま派」と挑発しましたが、確かにそれが実感ですよね。

日本は社会支出が国際比較で中くらいだと言いました。その特徴は、大半が年金、医療、介護といった、どちらかといえば高齢者向けの対象に当てられています［図2-6］。それに対して、現役世代への支出はきわめて抑制的です。家族や住宅、失業保険、あるいは雇用人材の創出への支出は抑えられているというのが日本の特徴なのです。その意味では、確かに、いくら税を払ってもすぐに自分たちには返ってこないことになります。年を取った頃には日本の財政は破綻しているかもしれないし、そうだとすれば取られ損ですよね。その実感は、わからなく

［図2-6］わが国の政策分野別の社会支出（2015年度）

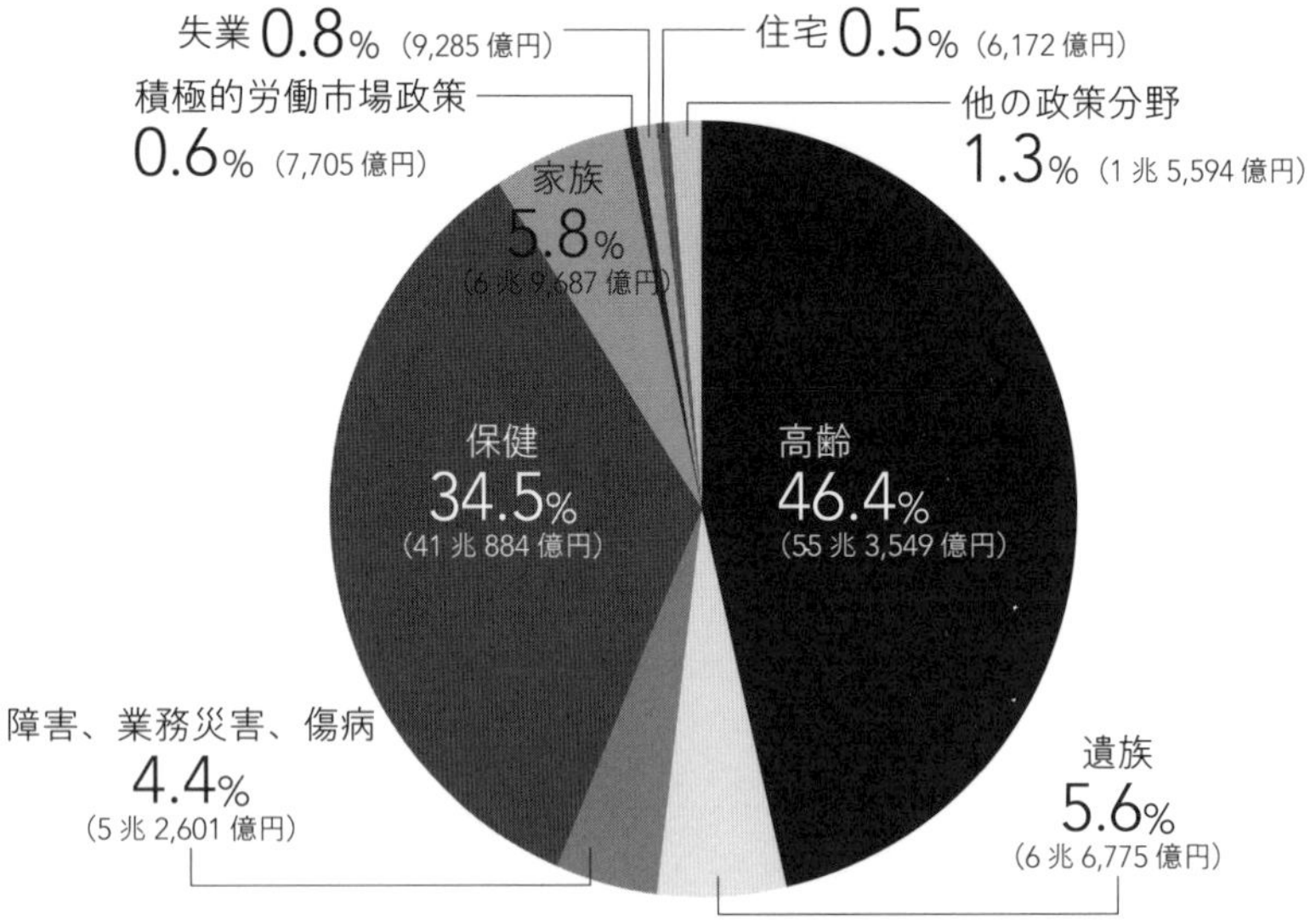

※国立社会保障・人口問題研究所「平成27年度社会保障費用統計」（平成29年7月）より作成。

はありません。
しかも、日本政府のお金の使い道は、公共事業が多い。新幹線や高速道路をつくったり、橋やトンネルをつくったり。そのような施設を整備すること自体は意味のあることですが、問題点もあります。できたところにとってはすごくメリットがあるけれど、そうでないところにとっては意味がありません。公共事業はバラマキと言われますが、ばらまいているから悪いというよりは、ややその基準が恣意的というか、メリットのある人とない人で大きな差が出るということが問題なのです。特定の地域や人々には有益だけれど、そのような利益を享受できない人もいる。したがって、国民全体が等しくそのメリットを感じられない。それがいまの日本の公共支出の特徴です。
日本の税負担は、国際比較ではけっして高い方ではありません。にもかかわらず、みんなが税金を払うのを非常に嫌がります。税負担を重く感じています。これがいまの日本の問題点なのです。

——私は、逆に日本人って税金を取られている感覚がないのかなと思います。源泉徴収で引かれているから税を自分が払っているという感覚がなくて、だから選挙の投票率が下がっているのかなと思っていたんですけど。痛税感が大きいというのには違和感があります。

ご指摘の点はすごく大切です。現在、日本人の多くはサラリーマンですよね。サラリーマンは源泉徴収されていますから、税金が最初から引かれている。その意味では、自分がどれだけ税金を払っているかの自覚が薄いかもしれない。

民主政治というのはけっして高邁なものではありません。自分たちがどれだけの税金を払って、その分どれだけのサービスを受けるかを、みんなで決めるのが大きな課題だと思います。

日本で民主主義をめぐる議論が、ややもすれば理想論や抽象論になって、どこか宙に浮いてしまうのは、多くの人がサラリーマンのためかもしれません。自分がどれだけ税金を払っていて、その分政府に対してどれだけのものを求めるか。この点にあまり敏感でないとすれば、民主主義もまた実感というより、イメージに基づくものになりがちです。この点、たとえばアメリカではサラリーマンでも税金は自分で申告します。しかも連邦政府にいくら、州政府にいくら、地方自治体にいくら、と分かれますから、「こんなに払ってこれしかサービスがないなんておかしい」とはっきり言いますし、その結果大きな騒ぎになります。

一方、日本のサラリーマンは、自分の給料からいったいいくらが税金に取られて、そのうちいくらが国・都道府県・基礎自治体に行くかなんて、ほとんど気に留めていない。だから税金の使われ方に対する感覚もあいまいで、シビアになれない。その点に関してはおっしゃるとおりです。

ただ、今回お話ししたのはそれとは少し違う次元の問題です。全体として自分たちの払っている税金がちゃんと返ってきている実感がない。どこに使われているかは知らないけれど、何となく自分には返ってきていないという感覚がうっすらと蔓延《まんえん》しているのが日本の状況ではないでしょうか。これはけっして民主主義にとって、いいことではないと思います。

中途半端な日本の仕組みをどうするか

今回の話をまとめてみます。

一つめ、人がどのように働くのかはけっして歴史や文化によって決まっているわけではありません。むしろ制度や仕組みによって左右される部分が大きいのです。いま日本の働き方は全体として、メンバーシップ型からジョブ型へと移行しつつありますが、その移行は必ずしもうまくいっていません。そのためにとくに女性が不利な扱いを受けている側面があります。

二つめ、人が安心して働いていくためには、一定の社会サポートが必要だということです。医療や教育といった基本的なところは、やはり社会で支えてほしいという意見がありました。たまたま病気になったり、事故にあったりしたら絶望するしかない、そのような社会はいやですよね。そうだとしたら、どのようなサポートを社会として整備すべきなのか。その負担をどう配分するかが問題になります。

さらに難しいのは、市場経済がもたらす不平等に対して、政治や政府がどう対応すべきか、ということです。成功・不成功があって不平等が生まれるのは仕方がない、自己責任だという考え方もありました。最も恵まれない人を、ある程度サポートする必要はあるという考え方もありました。これをめぐってロールズの正義論が展開しました。

自己責任の社会がいいのか、それとも生きていく上での基本的なニーズを社会がサポートするのがいいのか。政府はどのようなサービスを誰の負担で提供するのか。どうすればすべての人が納得できる税の仕組みがつくれるのか。本当に難しい問題ばかりです。

僕の基本的な立場は、みなさんと同じです。教育、医療といった基本的なニーズは社会がある程度サポートすべきだと思っています。

もちろん、お金のある人はサービスを受けられるし、ない人はないなりにやるしかない。応益負担を徹底する考え方もあるでしょう。しかし、最低限のサービスを公的に担っていくなら、誰がどのようにその費用を負担するのが一番納得できるのか。

いまの日本は、このあたりの議論をしっかりしないまま、少子高齢化などの状況に押し流されている状況です。とりあえず制度や仕組みを崩壊させないために、いろいろな取り組みがなされているものの、社会の大方針のようなものは見えてこない。そのうちに制度や仕組みが持たなくなるかもしれません。

このような制度や仕組みの影響を長く受けるのは若い人ですが、若い人の数も少ないし、投票率も低い。もし若者が声をあげなければ、どうしても既存の仕組みが続いていきます。現状のままでは、若年層への公的サービスは充実しないままです。そうなると若い人はバカバカしくなって、ますます税金を払わなくなる。悪循環です。どうしたらいいのでしょうか。

政府には期待しないというわけには、けっしていきません。みなさん本当は政府に期待したいのでしょう。とはいえ、どのようなサービスを期待して、その費用をどう負担するかとなると、よくわからなくなる。いま政治が考えるべき最も大きなテーマは、このへんにあるのではないでしょうか。

オススメは井手英策さんの本『18歳からの格差論――日本に本当に必要なもの』(東洋経済新報社)です。簡単に読めて、とてもおもしろい。よかったら読んでみてください。ありがとうございました。

・政府はどのようなサービスを、誰の負担で提供すべきか

・どのようにすればすべての人が納得できる税と負担の仕組みをつくれるか

第3講

人と一緒にいることの意味

1 教室内にある政治

第3講は人と一緒にいることの意味について考えます。政治とは何か。それは結局のところ人と一緒にいるということなのです。

みなさんが実感できるレベルのことから、少し小難しい話まで、幅広く扱っていきます。ある意味では、この講義のなかで一番大切な回になるかもしれません。

なぜ人は一緒にいるのでしょうか。「人間」とは人の間と書きますし、人と一緒にいるのは当たり前ではないかとみなさんは言うかもしれません。それでも、いくら友だち同士でも、その関係が難しいなと思うことはありますよね。仲のいい子もいるけれど、そうでもない子もいる。友だちはほしいけれど、ずっと一緒にいるとちょっとしんどいと感じることもある。そういう意味も含め、友だちや人と一緒にいるとはどういうことなのか、考えていきたいと思います。

友だち地獄？

もう十年くらい前の本ですが、社会学者の土井隆義さんによる『友だち地獄――「空気を読む」世代のサバイバル』（ちくま新書）という本があります。みんな友だちはほしいけれど、友だちと一緒にいることのつらさもいろいろあるよ、ということが書いてあります。

もう一冊、こちらは僕の所属する東大社会科学研究所の同僚で社会学者の鈴木翔さんによる『教室内《スクール》カースト』（光文社新書）です。教室内カーストは、みなさんの学校にもありますか。僕はこれを読んでショックでした。クラスの中に一軍、二軍、三軍とか、Aチーム、Bチーム、Cチームとか、そういう区別が本当にあるのでしょうか。

もちろん、僕たちが子どもの頃も、勉強ができる子と、いかにもワルっていう感じの子はいました。人気のある子もいれば、目立たない子もいた。でも、おそらく現在の「カースト」というのは、それとはちょっと違うのでしょうね。何を基準に分かれるのだろう？

――顔……。

――体型とか。太っている子はいじめられたり……。

なるほどね。顔や体型、話がうまいとか、運動神経とか、いろいろあるのでしょうね。でも、なんだか大変ですね。みなさんも知っているでしょうか、「金八先生」って。僕の中高生時代は、まさにあのドラマシリーズ（「3年B組金八先生」）がテレビで放映中だったのです。校内暴力をテーマにした回では、問題を起こした生徒が最後に逮捕されて警察に連れていかれるシーンが印象的でした。実際、僕のいた中学校でも、生徒が学校の窓を割る事件がありました。それといまは違いますよね。

少年による凶悪犯罪が急増しているとか、いまの子どもたちはキレやすいとか、メディアでよく言われます。しかし、実際には、少年による凶悪犯罪や暴力事件は減少していて、その意味では日本は非常に安全な国と言えます。とはいえ、少年による凶悪犯罪が少なくなったから、そして学校内での暴力がなくなったから、みんな平和になっているのか、幸せに穏やかに暮らしているのかというと、そうとも言い切れません。表面的には穏やかでも、実はあちこちに軋み合いがあり、その意味では、派手にワルをやっているうちの方が問題は簡単だったのかもしれません。

この『教室内カースト』を読んでいて、せつなくなりました。みんな誰からも傷つけられたくないし、傷つけたくもない。そう思ってはいるのだけれど、クラスの中の空気にどうしても左右されてしまう。

僕らの時代にも、ジャイアンみたいなガキ大将がいました。そういう子が、のび太みたいな子をいじめていました。でも、これはまだわかりやすかった。間にしずかちゃんみたいな子が入って、「やめてよ!」とか言うと、とりあえずは収まることもありました。でも、いまはそれとは違うのでしょう。クラス全体で、「あの子はCチーム」「あの子は三軍」みたいな格付けをする。これはとてもつらいですね。私は関係ないと思いたくても、知らんぷりすると自分自身が微妙な立場になってしまう。だから周囲から浮いてしまわないように「空気を読む」しかない。「空気を読む時代」のつらさがありますね。

かつてに比べて、現在では人生の選択肢は増えたようにも見えます。学校の先生だって、

「人生、選択肢はいくらでもありますよ」と言うでしょう。

とりあえず「みなさんの前に未来は開けています」「人生には選択肢があります」と言われる。とはいえ、なかなかそれを実感することはできません。本当に自分の未来は開けているのか、実際には、そこに選択肢はあるのか。むしろみなさんは、学校の中で毎日、「自分は特別な人間ではない」ことを、いやというほど味わっているのかもしれません。自分はみんなのうちの一人に過ぎない。特別な存在ではないからこそ、全体の空気に合わないとまずい。空気に合わせるしか自分の選択肢がないとすれば、これはとても厳しい状況です。

教室内は特殊な空間

いじめ自体は、世界中どこにでもある現象でしょう。日本に特徴的なのは、「教室内」が多いということかもしれません。他の国だと、民族的出自や社会的地位の違いがいじめのきっかけになることが多いのですが、現在の日本ではそういういじめは必ずしも多くはないでしょう。年上が年下をいじめるケースも、最近は減ってきているはずです。いじめの場所はもっぱら同じクラスの中に集中しているのかもしれません。もちろん、この学校のことを言っているわけではありませんよ。

でも考えてみたら、不思議だと思いませんか。同い年の人たちが四〇人近くも集まって、ずっと一緒にいるなんて。かなり特殊な時間と空間ですよね。だからこそどうしても、そにいじめみたいな状況が出てきてしまいます。客観的に見ればかなり同質的な集団の中で、むしろ極めて微妙な違いがクローズアップされてしまうのです。

教室内のカーストと言いますが、カーストとは本来、インドのカーストのように、生まれながらに固定化された身分の違いを示すとてもいやな言葉です。そのような言葉が転用されて、教室内におけるちょっとした違いに注目が集まり、それぞれの生徒の「地位」を示すものとして使われる。カーストが一番上の子はコミュニケーション能力が高くて、修学旅行ではバスの一番後ろの席にいて、休み時間は賑やかにしゃべる。そうではない子はそれぞれ地位に応じて、キャラを演じなければならない。後から一軍に入るのはとくに難しく、一発逆転を狙うしかない。そこでたとえば、ドジっ子な私、みたいなイジられキャラを演出していたら、いつの間にか本当にいじめられっ子になってしまう。そんな事例が本にはたくさん書いてあります。

もしみなさんの中にこういう問題で悩んでいる人がいたら、この本を読んでみるといいかもしれません。ちょっとつらい気持ちになるかもしれませんが、あなたの悩みはあなただけのものではない、どこにでもあるありふれたものだということがわかるはずです。だからといって救われた気持ちになるとは限りませんが、少なくとも、あなたが悪いのではない。一人ひとりの問題というよりも、社会やそこでの人間関係のあり方、仕組み自体に問題があることがわかるはずです。そういうつもりで読めば、少し気が楽になるかもしれません。

みなさんがいま、最も長い時間を共に過ごしているのは、クラスの仲間ですよね。卒業すれば職場や家庭などに分かれてしまいますが、いまのみなさんにとって、教室は一日の大半を過ごす場所です。クラスメイトとは勉強もすれば、いろんな話もする。けれども、先ほど言ったように、こうやって同い年の女性たちとずっと一緒にいるというのは、かなり特殊な時間と空間です。一生の中ではもっと多様な人たちで構成された集団の中にいることの方が多いのです。その意味でみなさんはいま、ものすごく特殊な、そして濃い人間関係にいます。だからこそ、仲良くなればすごく仲良くなるし、しんどくなると本当にしんどくなってしまいます。

2
「弱いつながり」がブレイクスルーをもたらす？

政治は「強いつながり」の世界？

今回はまず、この話をしたいなと思います。「弱いつながり（weak ties）」。

これに対し、いまのみなさんの関係は「強いつながり（strong ties）」です。タイ（tie）とは英語で「つながり」「結びつき」という意味です。ネクタイのタイですね。したがって、ストロングタイズは「強いつながり」です。学校での人間関係は「強いつながり」ですね。親御さんや兄弟姉妹との関係も同じです。毎日のように顔を合わせる強い結びつきで、家族の場合はさらに、よほどのことがない限り、良くも悪くも、一生縁が切れることがありません。

しかしながら、世の中にあるのは「強いつながり」ばかりではありません。むしろ「弱いつながり」の方が重要な役割をはたすこともある、そう主張したのが、アメリカの社会学者であるマーク・グラノヴェターという人です。一九七〇年代に書かれた論文ですが、いまでも古典と言われるほど有名な研究です。

それでは、グラノヴェターはなぜ「弱いつながり」が大切だと言ったのでしょうか。彼は転職、すなわち人生の途中で職業を変えることについて研究していました。どういう人がどういう条件の下で転職すると、うまくいくのか。逆にどうすると失敗するのか。たくさんの事例を集め、転職成功の秘訣を分析したのです。いかにもアメリカらしい研究ですね。

転職といえば、やはり誰か強いつながりを持つ人――親や親戚、同級生など――の紹介が効果的ではないかと思いますよね。でもグラノヴェターは、そうではないと言うのです。多くの事例研究からわかったのは、家族や学校の知り合いといった「強いつながり」ではなくて、むしろ年に一回くらいしか会わないような、薄い関係の知り合いからの情報の方が重要だったのです。

考えてもみてください。転職したいと思って、「〇〇さん、私にいい転職先教えて」と親しい友人に聞いてみても、なかなかいい情報は得られませんよね。親しい友人だから、当然自分と似た環境の下にいて、持っている情報も似たり寄ったりです。そもそも、そんなにいい仕事なら自分でやっているわけだから、なかなか紹介してもらえません。

ところが本当に耳寄りないい情報というのは、むしろごくたまに、年に一回会うか会わないかぐらいの知り合いから得られることがあります。「やあ、久しぶり」「どうしている、元気」なんていう会話の中で、「ところで、いまうちの会社でこういう人を探しているのだけれど」みたいな感じで、貴重な情報が飛び込んでくることがあるのです。グラノヴェターの研究結果もまた、そのような「弱いつながり」の重要性を示すものでした。これはいったいなぜでしょうか。なぜ「弱いつながり」から有益な情報が得られると思いますか?

――浅い関係だからこそ、気楽にぽんと言った発言が、その人にぴったりくる。

そういうことってありますよね。転職をしようという人は、だいたいいまの職場でうまくいっていないとか、煮つまっていることが多いものです。「もう自分はダメだ、転職するしかない」と、非常に追いつめられた状況にあるわけです。ところが、そういう状況にあると、得てして有益な情報は入ってこないものです。身の回りの人に聞いてみたところで、自分が持っているのと同じような情報しか入ってきません。

一方、滅多に会わない、それほど親しくない知り合いから、意外な一言、思いもかけないアイデアを得られることがある。たとえば僕が、「研究者としての才能がない」と思って、悩んでいたとします。そんなとき、昔の友だちと再会して、「昔、漫画を好きだったよね」と言われて、「ああ、そうだ。自分は子どもの頃、漫画を描くのが好きだったな」と思い出したりする。でも、僕がいまの同僚たちに向かって「研究者をやめたくなった」と相談しても、「漫画はどうだろう」なんて言う人はいませんよね。

この例はちょっと極端かもしれませんが、要するに、煮つまったときにはちょっと視点や発想を変えてみることが大切だということです。でも、そういう発想の転換は「強いつながり」からは、なかなか生じません。むしろ「弱いつながり」の人から、「ああ、そういう考え方もあったね」という発想が、ふと入ってくるものなのです。

これは人生一般に応用のきく話だと思います。「ああ、もうどうしよう、わからない」というときに、身の回りの人に「どうしよう、どうしよう」と聞いて回ってみても、さらに煮つまるばかりです。だから「弱いつながり」の関係をあちこちにたくさん持っている人の方が、意外とブレイクスルーに至りやすいのです。グラノヴェターの議論からは離れてしまうかもしれませんが、そのように言うことができると思います。

もちろん、「強いつながり」がいらないわけではありません。でも「強いつながり」ばかりだときっと煮つまる。むしろ意外に「弱いつながり」も重要だよ、ということです。批評家・哲学者の東浩紀さんの『弱いつながり——検索ワードを探す旅』(幻冬舎文庫)という本もこのテーマを扱っていますし、社研の同僚で日本にNEET(ニート)という言葉を導入した労働経済学者の玄田有史さんも、「弱いつながり」の話をあちこちでしています。
その点からすると、いままでの政治学は、どうも「強いつながり」ばかりを重視してきた気がします。同じ国民なのだから共に戦うとか、利益を同じくする集団が自らの主張を政治的に実現するとか、ややもすればみんな「強いつながり」の世界でばかり議論をする。しかし、そういう枠組みばかりで政治を議論していると、どうしても話が煮つまってしまいます。これからは、政治の議論でも、もう少し「弱いつながり」を大切にした方がいいのではないか。この話は、今回の最後にもう一度したいと思います。

3 自由でありながら、人と一緒にいるには

悩んだ人、ルソー

さて、みなさん、ジャン＝ジャック・ルソー（一七一二―一七七八）のことはご存知ですか。授業で出てきましたか。この講義では、毎回一人、そのテーマで大切な思想家を取り上げようと思っているのですが、今回の主役はこのルソーです。この顔を見てどんな人だと思いますか。結構ハンサムですよね。

――話を聞いた限りでは、交友関係とかが結構派手だったらしい。

そんな話が授業で出てきましたか。そのとおりで、こんな容姿だからとてもモテたのです。女性関係も賑やかで、たくさん子どもをつくったし、つくった子どもを片っ端から孤児院に送り込んだ。ただの一人も育て上げることがなかったということで、非常に悪名高いですね。彼自身が永遠の子どもみたいな人なので、子どもが子どもを育てることはできないというパターンでしょうか。恋多き男です。下宿の女中さんから貴族の夫人まで、あちこちで人を好きになってしまう。本人としては純粋なつもりなのですが、周りから見れば無責任としか言いようがないですよね。

そして、ルソーはすごく傷つきやすい人物です。「誰かと心の底からわかり合いたい。一〇〇パーセント透明なコミュニケーションを持ちたい。それなのに、なぜみんなは仮面を被っているんだ」といつも思っていた。迷惑なタイプですよね。「あなたと完璧にわかりあいたい」と言ったかと思うと、「あなたは本当の自分を隠している、自分は傷ついた」と勝手に落ち込んでしまうのですから。

ルソーはある意味で、かわいそうな人なのです。彼は都市国家ジュネーブの時計職人、当時のハイテク職人の息子だったのですが、お母さんに早くに死なれてしまい、おばさんに育てられる。そのうちお父さんまでいなくなって、早くから天涯孤独になってしまうのです。人生に思い悩んだ挙句、ジュネーブを飛び出して、フランスの中をあちこち放浪する。何とかして生きていかなくてはならない、どうしようとなったときに、当時比較的新しい職業だった、音楽家になろうとします。かつて「むすんでひらいて」という曲を作曲

わかりあいたさ100%ルソーくん
あなたと完璧にわかりあいたい
アラ
なぜ本当の自分を隠すんです!! 傷つくなぁ〜〜
ええ〜〜めんどくさ
陰で僕の悪口言ってんでしょ
ハワイ行きたい
熱海がいい……
ハワイだよね
きもちわるい!!
そういうのダメー!!
ホラホラ
よく考えて話し合ったらみんなが納得のいく『一般意志』になるよ
フラダンス
アロハシャツ
国内がいいー
常磐ハワイアンセンターじゃない!?
そういうこと
人が好き!! 一緒にいたい!! けど自分は曲げたくない!! 両立できるはずだよ!!
ルソー

ったとも言われていましたが、どうも間違いのようです。それでもいろいろな曲をつくって、音楽家としても活躍しました。

一方でルソーは貴族のマダムや有力者の集まるサロンに出入りして、何とか注目を得ようとする。とはいえ、まだまだ無名でしたから、当然、会話の中で傷つくことも多かったでしょう。「ああ、今日もみんなにわかってもらえなかった」と落ち込んで、その経験が元に後で、「人々は自らの才能を競い合うが、見かけばかりを気にして、人間としての実がない」とか書くのです。それでも彼は、やはりそういう世界と縁を切ることはありませんでした。

本当に困りますよね、こういう人は。本人としては至って純粋なつもりで、そしてまた実際にある程度純粋なところがあるのですが、人一倍傷つきやすく、トラブルも起こしやすい。あげくに「一〇〇パーセント透明なコミュニケーションがしたい」とか言う。ふざけるなって感じの人ですが、才能だけはあって恋愛小説の元祖となる作品を書いて、注目を集めたりもしています。次から次へと職業を変えて、音楽をつくっていたかと思うと小説を書き、さらにその後、『人間不平等起源論』（一七五五年）や『社会契約論』（一七六二年）など、政治思想の歴史に残る著作を書き、さらには『エミール』（一七六二年）という教育学の古典となる作品も残しています。本当に才能にあふれ、しかし落ち着かない人。人々とのコミュニケーションに人一倍憧れ、人一倍傷つく人。大いに悩んだ人であることだけは確かです。

過剰な人間不信が招いた大喧嘩

ルソーがかわいそうだなと思うエピソードがもう一つあります。幼い頃、預けられた牧師さんのところで、その牧師さんの妹に、濡れ衣で折檻を受けたというのです。彼女が大切にしていた櫛が、ある日どういうわけか壊れていました。彼女は怒って、「誰が私の櫛を壊したの、ジャン＝ジャック、あなたでしょう！」と疑いをかけます。ルソーは必死に「僕じゃないよう」と抗弁したけれど、「あなたは壊しただけでも悪いのに、嘘をつくなんてもっと悪い子ね」とひどく叱られ、むち打ちの折檻を受けたのです。ルソーは後年「自分はあのとき以来、人間不信に陥った」と自伝に書いているくらいですから、かなり執念深いですね。しかも、それに快感を覚えたとも書いているのですから、ちょっと困った人ですが……それはともかく。

自分は明らかに無実なのに、どうしてもそれが相手には伝わらない。言葉で「やっていない」といくら言っても、信じてもらえない。人間はなんて不便なのだろう、どうしてこんなにわかりあえないのだろう。人はやはり、人間の表面でしかものを見ないのだと彼は思うわけです。

ルソーはこれ以外にも、『ルソー、ジャン＝ジャックを裁く―対話』（一七七七年）という本も書いています。迫害に対する苦悩の中で書いたということもありますが、タイトルからして、どこか自分の中で分裂を起こしていますよね。生涯にわたって、自分と他者のみならず、自分自身と折り合いをつけることにも苦労した人でした。しばしば狂気に近づき、あるいは狂気そのものとなった。かなりアブナイ人でした。

この間、ルソーは『エミール』の中でカトリック教会を否定したとされ、フランスにいられなくなってしまいます。ヨーロッパの各地を転々とした後、やがてイギリスに行きます。そこでデイヴィッド・ヒューム（一七一一―一七七六）というスコットランド人の有名な哲学者に受け入れてもらいます。

このヒュームという人は、どんな人に見えますか？


――穏やかそう。


そう。ヒュームは明らかに穏やかな、いい人系ですね。自己破滅系の問題児ルソーを、「おお、よくやってきた」と迎え、「君のためにいろいろ準備するから、ここで思う存分書いてくれたまえ」と住まいも用意してくれます。

それなのに、ですよ。ルソーは、人に親切にされればされるほど、「ひょっとしてこいつは、親切なふりをして自分を騙そうとしているのではないか」と疑い始めるのです。いるでしょう、そういう人って。きっと陰では「ねえねえ、知っている。ルソーがトラブル起こして、自分のところに来たのだけれど、これが困ったやつでね」と言っているに違いないと疑うのです。

疑い出すとキリがありません。言うことなすことが、疑いの対象になります。「ヒュームが自分を匿《かくま》っているのには、きっと裏がある。自分のことをバカにしているに違いない」と思ってしまうのです。猜疑心がエスカレートして、それを口にしたり、書いたりしてしまうのですね。「いま、自分はヒュームにお世話になっているように見えるけれど、実はヒュームはいやなやつだ。イギリス人もいやなやつだ。総じて人間というのはいやなやつだ」とルソーは書くわけです。

ヒュームに読まれるに決まっているのに、書かなければいいのに、そういう悪口を書いてしまう。現代にルソーが生きていたら、きっと朝から晩までツイッターをしているタイプですね。

はじめヒュームは大人だから、「まあルソーは子どもだから許そう」と、一生懸命大目に見ていたのですが、最後の最後でバーンと爆発して、「そこまで言われるなら」みたいな感じになって、喧嘩《けんか》別れをしてしまいます。

ヒュームとルソーの大喧嘩については、いろいろとおもしろい話があります。『悪魔と裏切り者——ルソーとヒューム』（山崎正一・串田孫一著、ちくま学芸文庫）はおすすめです。

偉そうに見えるルソーですが、実際はこんな人だったのです。だから、あまり教科書的なイメージだけで考えない方がいいですよ。ルソーといえば『人間不平等起源論』や『社会契約論』を書いた偉い人。人間の不平等を告発し、人民主権を主張した進歩的な思想家。社会契約の理論を打ち立て、フランス革命を思想的に

導いた立派な人物、等々。教科書にはそう書いてあるでしょう。もちろん、それが嘘というわけではありません。でも、この人は明らかに変な人ですから。過剰で過敏な「困ったちゃん」です。人と一緒にいたくて、誰よりも人とわかり合いたいのに、人に理解され、愛されたいのに、そう思えば思うほど、どんどん暴走して自爆してしまう、そういう人でした。でも、だからこそルソーの著作はおもしろいのです。

ある程度以上、人と近づくと、どうしてもその人を疑ってしまう。どこか裏があるのではないかと勘ぐってしまい、信じることができない。こういう人が『社会契約論』を書いたということなのです。

短くて薄い本ですからぜひみなさんいつか読んでみてください。実を言うと、この本の後半はけっこう難しくて持て余すのですが、少なくとも半分くらいまでなら読めます。『人間不平等起源論』もおもしろいですよ。

自由でありながら、人と一緒にいる方法とは

ルソーは『社会契約論』で何を考えたのでしょうか。それはまさに、「人間はなぜ他人間と一緒に社会をつくらなければならないのか」、そして「国家は、なぜ必要なのか」ということを、自分なりに一生懸命考えたのです。その結果、彼はこういう問いの投げ方をしました。「各人がすべての人と結びつきながら、自分自身にしか服従せず、以前と同じように自由であることは可能か」と。

ルソーはやはり人と一緒にいたい。愛したいし、愛されたいし、仲間もすごくほしいと思う。でも一方で、そのために場の空気や人間関係に支配されるのはどうしてもいやなのです。自分はいつまでも自分のままでありたい。人には服従したくない。あくまで自分自身にのみ従いたい。自分のボスでありたいわけです。それでは、一人でいるときと同じくらい自由でありながら、他の人たちとも一緒にいることはできないか。これを彼は真剣に考えたのです。ある意味で、不可能に近いことを彼は問題にしたのです。

先ほど言ったように、ルソーはいろいろなことに取り組んだ人です。何をやっても才能のある人ですが、いい意味で素人っぽいところがある。『社会契約論』も学術論文風ではなく、どこか素人っぽい書き方をしています。とても大切なことを、いきなりズバッと言い切る。場合によって、とくにフランス語から日本語に翻訳されたものは、わかりにくいこともあります。

でも要は、他人と一緒にいたいけれど、自分の自由は失いたくない、それを両立するにはどうしたら良いか。これこそが、ルソーが『社会契約論』の中で一生懸命考えたことなのです。みなさんにとっても、リアリティのある問いかけではないでしょうか。

ということで、ここで議論していただきたいと思います。ルソーの問いに答えはあるのでしょうか。他人と一緒にいる限り、やはり妥協が必要だから、自由が制限されるのは仕方がないのか。それとも、自分が自分らしく、自由なままでいながら、他人と一緒にいることは可能なのでしょうか。こうすればいいんだよ、というのがあれば、ぜひそれも教えてください。

――みんなと一緒にいたいときは一緒にいて、いたくないときはいないというふうにすれば……。

なるほど、ある種の切り分けですね。一緒にいたいときだけ一緒にいて、そうでないときはすっと一人になれたら一番いいですね。実際にはなかなかそのように切り分けられないのですが、言いたいことはよくわかります。

先ほどお話しした「弱いつながり」とも関係がありますね。「強いつながり」だけではつらくなります。とはいえ、人とのつながりがまったくなくなるのも困る。そうだとしたら、むしろ「弱いつながり」を豊かにすれば良いのではないか。「強いつながり」もあるけれど、時に「弱いつながり」へと、切り替えられると一番いいわけです。

政治学ではよく、「voice」と「exit」という議論がされます。集団の中で何か不満がある場合にどうするか。声を上げる（voice）のも一つだけれど、もしどうしてもいやだったら退出する、逃げる（exit）というのもありだよね、ということです。つらいときに逃げられる、「exit」できるというのはすごく大切ですよね。もっとも過酷な状況の下では、声も上げられないし、かといって逃げることもできない。そういう状況もありえます。他はいかがですか？

――一〇〇パーセント透明なコミュニケーションというのは無理なので、それがしたかったら、ロボットか何かと友だちになるしかないんじゃないかと思いました。

なるほど、その意味ではルソーは無理なことを願ったのでしょうね。ロボットでさえ一〇〇パーセント意思疎通ができるかわからないけれど、人間とは絶対無理ですね。どれだけ仲のいい友だちでも、どれだけ親密なカップルでもありえない。ルソーは愛に飢えているがゆえに「一〇〇パーセント自分を理解して」と言うのですが、それは甘えなのかもしれません。

――みんながみんな、ルソーみたいな考えになれば、わかり合える。

うん、そうですね。極端な言い方かもしれませんが、もしかしたら、それがルソーの答えに近いかもしれませんね。ルソーは「みんなが自分みたいになればいい」とは言いませんでしたが、みんなが自然に思いを一つにできればといいと考えていたはずです。

もちろんルソーは、「ともかくみんなについていきます」というような付和雷同的な人は嫌いです。あくまで自分は自分らしく、しっかりと考える人が大前提です。しかし、同時に、そういう人たちが集まって共にいることも大切だと思っている。その両立が難しい。それでも、すべての人が自由で、しかし共にいるとすれば、みんなの思いが一つになるしかありません。いや実際のところ、みんながルソーみたいな人だったら、喧嘩が絶えない……と思うのだけれど、ルソーの答えはたぶんそういう方向だと思います。

4 二〇〇年前から続く議論

「一般意志」なんて、本当にあるの？

――みんなが弱いつながりでつながっていれば、自分の好きなようにはできるかも、と思います。

僕も感覚的にはそちらの方がいいかなと思っているので、今回の結論もそれに近くなるような気がします。とはいえ、ルソーの考えとしては、やはり先ほどの意見に近い。「みんな、社会契約を結ぼう、そして社会として一つの共通の意志を持とう」というのですから。

「社会契約」とは何でしょうか。ともかく従いますから誰か決めてください、という態度は認めない。全員が自由で平等、そしてその一人ひとりがしっかり判断をしないとダメです。その上で、一つの政治的な社会をつくって、そのメンバーになる。それが社会契約です。

それは結構なのですが、ルソーはこのような政治社会には一つの共通の意志が必要だと言います。これをルソーは「一般意志」と呼びました。この一般意志にすべての人が自発的に従うことで、すべての人が自由でありながら、他の人と一緒にいることが可能になるというのです。このあたりの議論から、ルソーの話はとたんに難しくなってきます。「一般意志」というのは、いまで言うと「民意」という言葉に近いかもしれません。選挙の翌朝の新聞などで、「民意の審判が下った」という表現を見かけますよね。あたかも国民全体で一つの意志があるかのような表現です。

この「一般意志」にすべての人が自発的に従えばいい。そうだとすれば、一人ひとりの個人は自由でありながら、みんなと一緒にいられる。はい、これが答えだ、とルソーは言っています。でも、これで何か答えになっているのでしょうか。

本当に一人ひとりが自由でいたければ、バラバラに暮らすしかありません。でも僕たちは、否応なく他の人間と一緒に暮らしていかなければいけない。

たとえば同じクラスの中にも「教室内カースト」のように一軍、二軍、三軍ができて、一軍の人たちが「こうしようよ」と言うと、それが通ってしまう。修学旅行でどこに行くかをみんなで決めることになったとき、一軍の人が「ハワイ」とか言うと、それで決まってしまったりする。本当は熱海に行きたいのに、一軍の人がハワイと言えば、「ハワイなんてお金かかるしいやだな」と思っても、みんな「わー、いいねー、そうしよう」となってしまう。そして、三軍の意見は聞いてもらえない。それで最後まで心の中で「私は熱海、熱海、熱海」とずっと思っている。

こういうのがルソーは一番いやです。一見、クラスのみんなで議論をしてハワイに決めたように見えますが、実際には一軍の子が言っているだけです。一軍の声に圧倒されて、三軍の人は意見も言えない。これは、ルソーに言わせると、「一般意志」ではありません。「一般意志」ではなく、あくまで「特殊意志」です。言い換えれば、ある特定の人、特定のグループの意見です。その人数が集まると、あたかも一般意志のように見えますが、実際には「特殊意志」の集まりに過ぎず、それとは違う意見の持ち主は、誰か他の人の意志に従わされている状態です。こんなのはいやだとルソーは言うのです。

ここは納得できますよね。

そこでルソーは、「クラス全員で、本当の一般意志をつくろうよ」と言います。一人ひとりが自由な個人として何がクラスにとっての最善か、一生懸命考える。そして、それをみんなでずっと議論する。そうすれば自ずと、一つの意志にまとまるはずだ、そこまでやれ、というわけです（実をいうと、ルソーは議論はしなくてもいい、と言っているようにも思える箇所が、『社会契約論』にはあります。でも今日は、その話はしません）。ポイントは、何がクラスにとっての最善か、全員が一生懸命考えることです。問題は、そうしたところで、本当に一つの結論に到達できるかですね。

全員が常磐にある「スパリゾートハワイアンズがいい」というところまで行ければ問題ありません。それも「最後は、多数決で決めよう」ということでスパリゾートハワイアンズになるのではなく、とことん議論しているうちに、みんなの相互理解が深まって「やはりスパリゾートハワイアンズに行って、一緒にフラダンスを踊ることが、クラスの団結を深める修学旅行には最適だ！」と全員が心底思えたら、それはルソーの言いう意味で、一般意志なのでしょう。

誰かを黙らせるようなことをすれば、その人は他人の意志に従わされたことになるので、自由ではありません。一人ひとりが自由であり、かつみんなが本当にまとまったとき、初めて一般意志になるのです。その一般意志に従っている限りは、自分の意志に従っているだけだから、誰もが自由でいられる。かつみんなと一緒にいられる。いい答えだとルソーは言っています。

でも、なんか納得しないでしょう。そんなの無理じゃないかと。

ルソーが『社会契約論』を書いたのは、一八世紀、いまから二〇〇年以上前のことです。実は民主主義の議論というのは、この段階で止まってしまっているところがあります。ずっとそのままで来ている。

「国民の民意が選挙を通じて表明されて、それに基づいて法律がつくられ、政治が行われているのだから、あなたたちは主権者であり、自らの自由を失わずに、他の国民と共に日本という国を支えているのです」と学校の教科書には書いてありますが、どこか嘘くさいというか、建前くさいというか、腑に落ちません。これはまさに、ルソーの主張そのままなのです。

もちろん、みんなが一つの意志にまとまればいい。でもそんな一般意志なんてあるのでしょうか。本当に社会の共通の意志なんてありうるのでしょうか。世論調査の結果が一般意志かといえば、それはそのときの多数意見に過ぎません。ルソーの言葉で言えば、「特殊意志」を集めたものに過ぎません。

「一般意志」はいじめの始まり？

ルソーはさらに困らせることも言っています。何が真にクラスにとって最善か、みんなでとことん議論して、結論としてスパリゾートハワイアンズに行くことになったとします。でも、その段階になって、「私、やっぱりスパリゾートハワイアンズなんか行きたくない、本当のハワイに行きたい」という人が出てきたとします。その人をどうするべきでしょうか。「クラスのみんなで議論して、完全に一致したはずでしょう。それを今頃になって、ハワイがいいと言うなんて、それはあなたの特殊意志よ」と批判すべきなのでしょうか。

もし一般意志が示されたのに、それに反する意志を持つ人がいるとすれば、どうするか。その人には一般意志を強制してもいい、とルソーは言います。強制されることで、むしろその人は自由になるというのです。ちょっと恐い議論ですね。

これはやはり、どこか、いじめの理屈にあと一歩みたいなところがありますね。ルソーはあれだけ自由を愛したにもかかわらず、二〇世紀に吹き荒れた個人を全体に従属させようとする全体主義思想の父だと言われることもあるのですが、このあたりにその理由がありそうです。民主主義の名の下に個人の自由を侵害する危険性が、ルソーの理屈にはどうしてもある気がします。

ルソーは本当にわかり合いたいと思っていたのですけれどね。自分は自分でありながら、みんなと一つの意志を共有したい、それができたら最高だと思っていました。

もちろん、自分とクラス全員の気持ちが完全に一致する瞬間というのは、あるかもしれません。学園祭で盛り上がって、最高潮に達した瞬間など、自分とみんなが本当に仲間だ、一つになっていると思うときもあるでしょう。でも、それが政治のモデルとなり、つねにそれに基づいて民主主義を強要されるとすれば、それはつらい。ルソーの議論には、そういうところがあります。

そうは言っても

- 社会の「共通の意志」なんてあるのか
- 社会の共通の意志に反する人間を強制していいか
- 民主主義の名の下に個人の自由を侵害？

理性の人、カント

次に出てくるのがイマヌエル・カント（一七二四―一八〇四）です。カントはすごく真面目な人でした。大学の先生をしていたのですが、毎日、朝何時に起きて研究をして、授業をやったあと、午後になったら散歩して、というように、かっちりとノルマを決めていた。有名な話ですが、彼の住んでいたケーニヒスベルクでは、みんな彼を時計代わりにしていた。カント先生が来たら、「ああそうか、もう三時だ」という具合です。

ところがある日、カント先生が三時になっても現れなかったのです。みんながどうしたのかと話していたら、先生いわく、ルソーの『エミール』を読み始めて、夢中になってしまったというのです。「これはいい本だ」と、ものすごく感動したのですね。これまで自分はおごっていた。世の中、わかっている人がわかればいいと思っていた。無知な人がいても関係ないと思っていた。ルソーが初めて、人を尊敬することを教えてくれた。カントはそう言います。

カントには有名な論文があります。「啓蒙とは何か」（一七八四年）です。これも短いから読んでみるといいと思います。

啓蒙というと、みなさん何を思い浮かべますか。そもそも、啓蒙って言葉を聞いたことがありますか。蒙は暗いという意味なので、暗いのを啓《ひら》くという意味で、無知な人を上から教え導くことだとしばしば誤解されますが、そういう意味ではありません。カントは、

「啓蒙というのは自分の頭の中にある理性のスイッチを入れることだ」と言っています。人間にはみんな頭の中に理性のスイッチが入っている。カチッと押せば理性の光がピカッと光る。これが啓蒙だというのです。英語では啓蒙はエンライトメント（Enlightenment）、文字どおりライトをつける、です。フランス語だともっとはっきりしていて、リュミエール（Lumières）、光です。つまり人間には理性の光があるから、その理性のスイッチで明るくしましょうというわけです。

カントはおもしろいことに、肝心なのは勇気だと言います。つまり、理性を使うかどうかは、頭の良し悪しの問題ではないのです。それでは何の問題かといえば、勇気の問題だというわけです。

どういうことか、と思いますよね。カントによれば、みんな自分の理性を使うのを怖がっている、言い換えれば、自分でものを考えるのを恐れているのです。たとえばみなさんも、自分の進路を決めるのに悩みますよね。最後に先生から「自分で決めなさい」と言われるとどうしますか。「えー」となって、「ちょっと親に聞いてみます」とか、「いろいろな人と相談します」と答えることはありませんか。

カントは、自分の理性を使うことから逃げてはダメだと言います。一人ひとりに理性のスイッチはちゃんとあるのです。それなのに、自分で考えた結果失敗したら自分の責任になるからといって、人は逃げ回る。ちゃんと自分の頭で考えるのが恐いのです。つい、誰かに頼りたくなる。もっと言えば、誰かに決めてもらいたくなる。

啓蒙
=
Enlightenment
理性の人
カント
自分で決めなさい
え〜〜
自分で?
進路
理性を使うことから逃げてはダメです
ほらそこにスイッチが
はっ
よ〜〜〜し
カチ
あっ
わたしドイツの大学に行きたい!!

でも、カントに言わせれば、人間の自由とは、自分できちんと決められることです。それもただ単に好き勝手に、思いつきで決めるのではなく、きちんと自分で考えて、納得した上で結論を出すことが大切なのです。もし好き勝手に決めているだけなら、それは自分の感情に流されていることになる。その瞬間の思いつきで判断しているなら、偶然に従っているのと同じです。そうだとすれば、うまくいっても、いかなくても、結局は偶然です。

結果はどうであれ、自分の頭で考え、自分の責任で決める。そこに人間として生きる意味があるというのがカントの信念です。自分のことは自分で決める。自分で自分のボスになる。理性のスイッチはちゃんと自分の中にあるのだから、あとはそれを押すだけです。その際、カントはマイ・ルールが大切だと言います。自分で自分にルールを与える。その都度、でたらめに決めるのではなく、自分で納得したルールをつくる。そして、そのルールが本当にそれでいいのか、自分にのみ都合の良いルールではないかと、真剣に検討してみる。人生とはその繰り返しだというわけです。それしか自由を自分のものにする方法はないのです。

ちょっと厳しいですか。

でも根っこにあるのは、カントもルソーも同じです。自分のことは自分で決めたい。自分自身のボスでありたい。他人に流されたり、強制されたりするのはもちろん、自分自身の感情に流されるのもいやなのです。うまくいかないこともあるけれど、ちゃんと理性のスイッチが自分にもあって、自分のことは自分で決める。そこが人間のいいところじゃないか、というわけです。どうです、共感できる部分はありますか。

社会の矛盾を必要とした、ヘーゲル

もう一人紹介しましょう。ヘーゲル（一七七〇－一八三一）です。

この人もルソーの影響を受けています。若い頃はフランス革命の報に接して興奮し、庭で踊ったとのちに告白しています。そして、カントについてもよく勉強しました。ただヘーゲルはカントと少し違うことを言います。なるほど、自分で自分をきちんとコントロールできることは良いことである。でも、それだけでは不十分だ。

自分一人が自律しているだけじゃダメだ。ルソーは本当にわがままで子どもっぽい人だったけれど、他人と一緒に生きていこうとしていた。それが重要なのであって、抽象的な自由をいくら追求してもどうにもならない。誰とも付き合わず関係も持たずに、山奥に一人でいるのが、はたして自由だろうか。社会の中で仲間たちと具体的に活動して、なおかつ自分自身であり続ける、これがルソーの言っている意味での真の自由なのではないか。

ヘーゲルは言いました。子どもの頃はいい、家庭で守られているのだから。しかし、人はいつの日か、欲望のうずまく社会の中に一人飛び込んでいかなければならない。そこでもみくちゃにされる。しかし、その中で、自分の自由を一歩一歩実現していくしかない。それが大人になることだ、と。

僕はヘーゲルの言うことって、独特なリアリティがあると思うのだけれど、授業とかで聞くと、なんだか難しいよね。弁証法とか。聞いたことがある？

――名前だけで、世界史ではたぶんやってないですね。

そうか、それは残念。いろいろおもしろいことを言っているんですよ、この人。でもねえ、言い方がどうにも難しい。止揚《しよう》とか……。

――アウフヘーベン！

おお、さすが。それです。アウフヘーベン（Aufheben）の日本語訳が「止揚」です。元の意味は簡単です。何かを持ち上げるとか、拾い上げると言う意味。特別な言葉ではありません。いろいろあるけれど、それをまとめてよいしょと持ち上げる感じです。

世の中にはいろいろ矛盾がありますよね。そこで、ルソーみたいに「自分は純粋だ」と一人で言っていてもどうにもならない。社会はともかく欲望のうずまく場所だから、そこに出れば挫折のオンパレードです。世の中、いろいろな人がいます。悪い人もいる。自分と気の合わない人もいる。そういう人とぶつかれば、どうしても矛盾が生じます。泣きをみることもあるでしょう。

でも、マイナスばかりではない。社会に出て、人にぶつかり、「あー、やはりだめだった」と挫折することもあるでしょう。しかし、そんな経験からでも、人は何かを学ぶので

アウフヘーベン
止揚
大人!!
甘いもの
しょっぱいもの
対立
アウフヘーベン!!
みたらし団子かな
いやいや
堅いものだよ
対立
アウフヘーベン!!
ざらめせんべい
うんにゃ
冷たいものだよ
対立
ヘーゲル
くり返して絶対知に……

す。賢くなるのです。「今回はこうして失敗したから、次は別のやり方をしてみよう」と考える。人は挫折から成長するのです。そのときはいやでも、後から思えば、自分はあの経験を通じて少し大人になったな、という瞬間がみなさんにもあるでしょう。人はその積み重ねで少しずつ自分なりの「自由」を学んでいくしかないのです、それがヘーゲルのいう「止揚」です。いろいろな挫折や矛盾にぶつかりながら、少しだけ「大人」としての自分の視点を獲得していくのです。そうして成長していくことで人は自由になるとヘーゲルは説きます。こう言うと簡単だけれど、ヘーゲルはこれをすごく難しい言い方で説明しているのです。

問題は、他人とどうつながるか

ルソーは矛盾を抱え込んで悩み、それを乗り越える答えとして「一般意志」なんていう謎のキーワードを生み出してしまったわけです。これに対し、カントはルソーの思想のうち、自分のことは自分で決めたい、自分のボスでありたいという部分を重視して、自律を大切にする哲学をつくりました。これに対しヘーゲルは、ルソーやカントもわかるけれど、やはり人間は一人で閉じこもっていてはダメで、矛盾だらけの社会で、少しずつ自由であることを学び、成長していくしかないと説きました。ルソーの中にある「いつまでも一人の人間として自由でありたい」という部分と、「それでも他の人と一緒に社会をつくっていきたい」という部分を、カントとヘーゲルがそれぞれ発展させたとも言えます。そして僕らは、いまでも、この三人の思考の枠の中で、ものを考えているのかな、と思います。いま聞いた範囲内で、ルソーとカントとヘーゲル、誰が一番好きですか。ちょっと考えてみてください

ルソーだという人？

——（一人挙手）

僕はルソーのことが好きなんですけどね。では、カントは？

——（数人）

それではヘーゲルは？

——（多数）

おお、ヘーゲルが一番人気ですね。僕のみるところ、日本人はヘーゲルが好きですね。ちょっと小難しいところもあるけれど、そこがまた良いという人もいます。

でもやはり、ルソーも、カントも、ヘーゲルも、三人ともとても大切なことを言っています。カントが言うように、自分の頭で考えることを放棄してしまえば、何にもなりません。他人の考えに流されたり、まして自分の代わりに他人に考えてもらったりするようでは、自由はありません。それは自分の理性を使う勇気が足りないのです。一方、ヘーゲル

が言うように、一人でいるばかりでは、人間は成長できません。他人と一緒にいれば、もちろんいろいろあります。でも、それを恐れていては自分の自由を現実化することもできませんね。問題は、他人とどうつながるかです。

Aチーム、一軍の人たちの声にただ従っていくというのはいやだよね。でも、誰か特定の人の意志ではなく、「私たち」の意志が世の中を動かしていくのが民主主義だと言われても、そんな意志はどこにあるのか、困ってしまいます。このあたりにルソー以来変わることのない、問題の難しさがあります。

――いまの政治って、国民の意志をまとめあげるのが難しいから、同じ意見を持った人たちが政党をつくってまとまって、その政党の人気投票みたいになっているじゃないですか。でも政党になった時点で、意志統一がされているはずなのに、その政党内でも意見対立をしているのはなぜですか?

そのとおりですよね。とても大切なことを指摘してくれました。政党の問題は重要です。政党（party）とは、元々は文字どおり部分（part）、つまり部分利益を意味しました。社会全体の利益ではなく、ルソー的にいえば特殊利益に従って行動する集団、ということで本来は良い意味では用いられなかった言葉です。

ところが、歴史のなかでこの言葉はむしろ肯定的に用いられるようになりました。一定の政治的信念や利害を共有する人々が集まって政党をつくり、そのような政党が選挙において相互に支持を競って多数を目指す。政党政治とは、このような複数の政党が競い合うことによって実現するものです。そしてその大前提は、それぞれの政党の内部でしっかり議論して、うちはこういう目標や理念を掲げる政党です、だからそれに賛成する人は投票してくださいと主張することにあります。

このような政党政治のモデルは、もちろんルソーのイメージする民主主義とは異なります。ルソーは「社会は一つの意志にまとまる」と考えますが、政党モデルは基本的にそうはならないという前提の上に立っているからです。世の中にはさまざまな意見や利害を持つ人がいて、その存在を正面から認めることから政治を考えようとするのが政党政治です。ところが、そのような政党自体が、いまやまとまらなくなっている。この問題は、次回にもう少し考えたいと思います。

――個人的に、多数決は物事の決め方としてすごく嫌いで、よくない方法だと思うし、一般意志なんて絶対にとれるわけがないと信じているんですけど……。

なるほど、一般意志なんてなかなか見つからないし、とは言っても、多数決で決めるのも気に入らない。そうだとすれば、どうしたら良いのでしょうか。

――海外の高校では、全員が同じ授業を受けるというよりは、自分で選んだコマの先生のところに行くみたいなシステムになっていると思います。物事を決めるときにも、そういう方法が導入されるといいのかなと思うのですが、具体的な方法はわかりません。

なるほど、最初に触れた、みんないつも同じクラスにいることの問題ともかかわりますね。

学校のクラスでは、みんなでいつも一緒にいるからこそ、仲も良くなるけれど軋み合いも生まれます。一方、大学がそうですが、同じメンバーがいつも一緒に講義を受けるという意味でのクラスはなく、基本的に一人ひとりが好きな科目をとるというやり方もあります。このやり方だと、特定のクラスメイトと仲良くなることもないけれど、人間関係が難しくなったり、揉めたりすることもあまりありません。それぞれが自分の意志で判断して、学ぶ内容も選択する仕組みがあれば、高校でもそちらの方がいい、という意見があるのはよくわかります。ある意味で、より現代的な考え方かもしれません。いまでも単位制高校の試みがありますが、今後ますます、日本の高校でもそのような仕組みが拡大していくでしょうね。

政治と感情

――カントが、理性を使って感情をコントロールするみたいなことを言っていましたが、理性と感情ってよく相反するものとして捉えられて、感情は常に理性に制御されるべきだと考えている人が多いような気がするのは、なぜなのでしょうか。

これもとても大切な指摘ですね。これはあるいは、西洋思想の特徴かもしれません。人間の理性と感情をはっきり分けた上で、理性が感情をコントロールしなければいけないというモデルは、古代ギリシヤの哲学者・プラトンから始まっています。カントもその流れの人ですね。

でも、本当に理性と感情って、そんなにきれいに分けられるのでしょうか。分けた上で、理性が感情をコントロールするなんて、可能なのでしょうか。西洋思想でも、そのように考えた人もけっこういます。たとえば、先ほど出てきたヒュームがそうです。人間にはさまざまな感情がある。理性と感情はそんなにはっきり分けられるものではない。むしろ理性とは、結局のところ感情に従っているのだ、というのがヒュームの考え方です。

それでも、西洋思想の流れにおいては、やはり理性と感情をはっきり分けて、理性が感情をコントロールする、というモデルで考える人が多いですね。政治においても同様です。政治が一時的な情念や感情に振り回されることは望ましくなく、いかにして政治の場において理性的な判断を実現するか、という発想がやはり主流だと思います。

でも、実際に世の中を動かしているのは、やはり感情であるとも言えます。もちろん理性的に議論することは重要ですが、「その意見は感情論だ」と、人々の感情に基づく意見を政治からすべて排除してしまうのは、やはり問題だと思います。僕自身、感情と理性は切っても切り離せないものだと思いますし、感情をすくい取るような民主主義の仕組みを考えることは重要な課題ではないでしょうか。

ただ、感情って難しいですよね。理性の場合は「こういう理由でこういうことを決めます。みなさん賛成ですか」と言葉で伝えられるけれど、「この気持ちが大切なのです、わかりますか」と言われたら、わかる人にはわかっても、なかなかそれを人に伝えるのは難しい。一緒にいる人とはわかり合えても、その外にいる人に言葉で説明がしにくい。

さらに、最近ではメディアを使って人々の感情を刺激し、操作するような動きもあるから要注意です。とくに人への嫌悪や憎しみといった負の感情を、ヘイトスピーチなどによって煽《あお》っていく傾向も強くなっています。人の負の感情を燃料にしてあえて炎上をねらう政治スタイルは、今後もますます力を持ってくるでしょう。

だからと言って感情を政治から排除しようとしても、政治が無力化するばかりです。政治にいかに感情を取り込んでいくかは、永遠の課題だと思います。

肝心なのは……

・他者となれ合うのではなく、あくまで自分で考えること

・それでも他者と協力していくことは不可欠

・「私たちの意志」はどこにあるのか

接続性の時代

さて、最後に二つだけ、今後を考える上でのヒントをお伝えしたいと思います。

一つは、現代は「接続性」の時代だということです。

こんな本があります。『「接続性」の地政学』（パラグ・カンナ著、原書房）。著者のカンナさんはインド出身の国際関係・戦略論の専門家です。世界経営者会議でもオピニオンリーダーとして活躍した、いま話題の人物です。これまで世界的なオピニオンリーダーといえば欧米人が目立ちましたが、時代は大きく変わりつつあります。今後、世界の各地から力のある言葉を持つ人が次々と登場してくると思われます。

カンナさんは、これからは接続性の時代だと言います。改めて言うまでもありませんが、ITがこれほどまでに世界を席捲したのは、接続性があったからです。昔のコンピューターはスタンド・アローンで、ネットワークから切り離されて使われていた。その意味で、単独で見れば、どれだけすごい能力を持つコンピューターであっても、その力には限界があったわけです。これに対し、インターネットの力で世界にあるコンピューターが相互に結びついたとき、巨大な力が生じたのです。

僕たちは、政治を考えるとき、どうしても国や国境、国民という単位で考えてしまいます。しかしながら、世界の現実はもはやそのような単位をはるかに超えて展開しています。第1講で話したように、いまや世界の人口の半分は都市に住んでいますが、それが可能なのは、それぞれの都市が世界の他の都市と情報と物流のネットワークによって接続されているからです。

インターネットの登場により、情報のネットワークについてはだいぶリアルに感じられるようになりましたが、物流のネットワークの発展もこれに劣りません。その意味ですごいのはやはり中国です。中国は「一帯一路」を掲げ、世界の港湾と道路の整備にものすごい投資を行い、それを結びつけています。いまやアフリカにも、大勢の中国人がいて、道路をつくったり港を整備したりしています。気がついたときには、世界中が中国のつくった物流のネットワークにのっていることになります。このようにものすごい勢いで世界の物流が変化しているなかで、日本がそれにどのように接続していくかが問われています。やはり、現代世界のキーワードは「接続性」です。人と人、物と物とが世界各地で新たに結びついてきているか、その現実によって世界の地政学は大きく変わりつつあります。カンナさんの本は、あらためてこのことに注意を促しているのです。

今回は「弱いつながり」の話をしましたよね。毎日顔を合わせているような「強いつながり」も重要ですが、これからのみなさんの可能性を広げるのは、たまにしか会わないけれど、思いがけないアイデアをもたらしてくれるような人との「弱いつながり」でした。このような弱くても多様なつながりを、世界に住むさまざまな人たちとどうつくっていくか、接続していくか。

ベターっとくっついた関係ばかりでなくて、つなごうと思えばいつでもつなげるし、そうでないときは接続を解除することもできるような関係。そういう関係のネットワークをどれだけ持っているかが、人や社会、国の未来を決めていく時代になっています。

しなやかさと引く知恵とコンパスを持って

最後にもう一人、伊藤穰一さんというアメリカで活躍するオピニオンリーダーの話をしたいと思います。MITのメディアラボで活躍する、AIをめぐる議論で注目される人物です。その伊藤さんが『9《ナイン》プリンシプルズ——加速する未来で勝ち残るために』(ジェフ・ハウと共著、早川書房)というおもしろい本を書いています。伊藤さんはこの本の中で、今後の世界において重要になる九つの原理を挙げています。そのうちのいくつかをご紹介しましょう。

ひとつは、これからは「強さ」ではない、「しなやかさ」の時代だというものです。これまでは国は軍事力や経済力を強化し、個人もどんどん能力や資格を身につけ、ますます強くならなければと言われてきました。でも、いくら力をつけたところで、人間は必ず失敗をする生き物です。みなさんも、これからの人生で、きっといろいろな失敗をすると思います。僕自身、恥ずかしくてここではお話しできないような、数多くの失敗をしてきました。

そうだとすれば、「私、失敗しないので。」(ドラマ「ドクターX」の主人公のセリフ)もいいのですが、やはり失敗することもあるのを認めた上で、それを受け入れ、その経験をどう活かすかが大切ではないでしょうか。ヘーゲルの弁証法ではないですが、これからは強さよりも、失敗から立ち直り、学び、成長していくレジリエンス（回復力）が重要だと伊藤さんは強調します。

さらに伊藤さんは、これからは「押す」のではなく、「引く」時代だと言います。かつての社会主義の計画経済ではありませんが、中央がすべての資源と生産手段をコントロールし、上から指示を押しつける時代は過去のものとなりました。自分ですべての情報を集め、すべてをコントロールしようとすればするほど、空回りしてしまうのが現実です。ならばむしろ、「押す」のはやめて「引いて」みたらどうだろうかと、伊藤さんは提案します。すべてを自分で持ち抱えるのではなく、むしろ必要に応じて、外から引き出してくる。自分が全部知っていなければならないと思うとつらいけれど、必要に応じて「弱いつながり」のネットワークから引き出してくるという生き方もあるわけです。

かつて日本企業はすべてを自分のところに抱え込みすぎて失敗しました。すべての部品を自分の会社でつくることを目標に、自社内にすべての作業工程を揃えようとしました。これに対し、現代世界をリードする多くの企業は、すべてを自分で抱え込もうとはしません。むしろ、どんどんと作業のプロセスを分散させようとしています。たとえばiPhoneの部品のほとんどは、中国などの国々でつくられています。アップル本社はアイデアを出し、そのデザインを創造することにエネルギーを集中しているのです。全部を自分でつくる必要はないのです。ネットワークを使って世界の各地から必要なものを集めてきて、組み立てればいい。そういう時代です。

伊藤さんはさらに、こんなことを言っています。いまや世界の地図は日々変わっています。完璧な地図がなければ、動けないなんて言っていては何もできません。むしろ必要なのは地図よりも良いコンパスです。先の先までは見通せません。全体を俯瞰する地図もありません。それでもいろいろな曲がり角で、どちらの方向に向かうべきかを示してくれるコンパスがあれば、どれだけ助かるでしょう。もし間違っていたら、また戻ればいいだけの話です。

そのほかにも、この本には、「安全よりはリスク」、「服従よりは非服従」、「理論よりは実践」、「一つの能力より多様性」等々、とても興味深い原理が挙げられています。これらの原理は、これからの生き方の一つのモデルを示していると思います。

これまでずっと、政治といえば、みんなで一体になって、一つの共同体をつくる。そのためには一つの共通意志が必要だ、というルソー・モデルで僕たちは民主主義を考えてきました。たぶん、そのような時代は、いまや終わりつつあります。

そのときどきで、好きな人と接続できる「弱いつながり」の柔軟なシステムをつくっていくということ。「強いつながり」だけで物事を判断し、敵か味方か、強いのはどこか、だけを見ていては、世界の動きを捉えることはできません。むしろ、世界の多様な流れに、自分をどう接続していけるか。どのような仲間を見つけて、いかに新たなネットワークをつくり出すか。そのための性能の良いコンパスが、一人ひとりの生き方にとっても、政治を考える上でも大切になってくると思います。

結局この講義で言いたかったのは、ルソーが悩んでいたことについて、僕らはいまだに悩んでいるということです。世界の変化の速さに比べると、政治の進化の速さはだいぶ遅いようです。でも、仕方ないのかもしれませんね。多くの人の命や財産、幸せに大きな影響を与える政治のあり方というのは、急激な変化には向かないのかもしれません。

それでも、僕らはいまやそのような過去からの問題を継承しつつ、歴史の最前線に立っているのです。ますます政治の豊かな発想が必要だと思います。

第4講

選挙について考えてみよう

1　民主主義と多数決

これまでの講義を聞いて、これは本当に政治学の講義なのかな、と思っている人がいるかもしれません。

世界の都市の人口がどう変化しているとか、女性の働き方がどうであるとか、友だちは大切だけれど関係が難しいとか、何だかあまり政治学っぽくないですね。でも、僕に言わせれば、こういうテーマこそがまさに政治なのです。

人は一人で生きているのではありません。とはいえ、他の人と一緒に生きていくときに、「ともかく黙ってみんなについていけばいい」というのも政治ではありません。あくまで一人ひとりが自由かつ平等であることが大前提です。そのような自由かつ平等な個人同士が、言葉を交わし、共に秩序をつくっていくためにはどうしたら良いのか、それを考えるのが政治です。

当然、社会の中には多様な考え方をする人がいます。いくら議論をしても、なかなか一致が見られないこともあるでしょう。それでも何らかの結論を出さなければならないとしたら、どうするか。そこで今日は政治における「決め方」について考えてみたいと思います。その意味で、今回の第4講は、これまでと比べて、少し技術的な議論が多くなります。

ところでみなさん、もうすぐ一八歳になったら選挙権を持つことになります。そこで質問です。選挙権を手にしたら、絶対に投票に行くという方、手を挙げてください。

――（多数が挙手）

おお、素晴らしい。ぜひ本当に投票に行ってください。ちゃんと投票に行ったか、五年後くらいに追跡調査したいですね。

二〇一六年参院選の投票率は、一八歳でようやく五〇パーセントを超えるくらいでした。一九歳が四〇パーセント台、二〇歳代では三〇パーセント台です。国政選挙で、ですよ。みなさんはすごくまじめで、政治にも関心があるからほとんどの人が手を挙げましたが、若者の投票率は全般的に低調でした。全体の投票率は五五パーセントくらいですから、それを下回っています。逆に言えば、年齢の高い層の方が、投票率が高いということです。若いみなさんはただでさえ人口が少ないのに、投票に行かないからますますその声が政治に反映されにくくなっているというのが現状です。

そんな状況にあるなか、選挙ってそもそも何であろうか、はたして意味はあるのだろうかということを、今回は考えてみたいと思います。

多数決は正しいか？

まずは民主主義について考えてみましょう。民主主義とは何かと言われると、とりあえず、「えーと、多数決で決めること」と答える人は少なくないはずです。でもそれって、本当でしょうか。民主主義とは多数決のことだと思いますか？

——現状は多数決に近いけど……。

では多数決とは何でしょうか？

——一番数の多い人の意見で……。

そうですね。英語で「多数決」を意味するのが「マジョリティ・ルール（majority rule）」です。議論をした際に、「多数派（majority）」を占めた人たちの主張を全体の意見として採用するルールですね。

でも本当に多数決が民主主義でしょうか。これまでに何度も挙げた修学旅行の例でいえば、どうしてもハワイに行きたいと思ったのに、クラスの多数が「修学旅行といえば京都で決まりでしょう」ということで、それで決まってしまうわけですね。まあ、そちらの意見の方が多いのだから、仕方ないと考えることもできます。

とはいえ、世の中のことをすべて多数派の意見によって決めて良いかといえば、ちょっと迷いますよね。大きな声が必ずしも正しいとは限らない。少数者の権利を守るのも民主主義の大切な役割です。この講義で前にも触れましたが、民主主義は「多数派（majority）」のための政治ではなく、「少数派（minorities）」のための政治であり、多様な少数派が多数派によって迫害されるのを防ぐのが民主主義だという考え方もあります。

ウィンストン・チャーチルについても、すでに触れましたね。第二次世界大戦でイギリスを勝利に導いた首相として知られる政治家です。この人はちょっとシニカル（皮肉）なところがある人でした。彼は「民主主義は最悪の政治だ」と言いました。もちろん、「ただし」と続け、「これまで存在した民主主義以外のすべての政治体制を除けば」と加えたわけですが。それでも彼が民主主義をけっして完璧であると思っていなかったことは明らかです。

さらに、チャーチルが民主主義を「頭をかち割る代わりに、頭数を数える制度」と説明したことも話しました。「人の頭数を数えて」多数派の意見を採用するのがいいとは限らないけれど、殺し合いになって「人の頭をかち割る」のよりはマシだろうというのが、彼の民主主義評価でした。どう考えても高尚な民主主義観とは言えませんが、それでも完璧ではない民主主義を何とかやりくりしていこうという意味では、なかなか含蓄のある言葉です。

民主主義にはいろいろ問題があります。「多数決」はその最たるものの一つでしょう。そう簡単には「民主主義＝多数決」とは言えない理由が次第に見えてくるはずです。

多数決は正しいか？

・民主主義＝多数決？

・「頭を割る」のではなく「頭を数える」
(チャーチル)

・多数派は正しいのか

・少数派の権利を守るのが民主主義？

数で決まらない大統領選挙

そこでまた脳裏に浮かぶのが、アメリカのトランプ大統領です。先日（二〇一七年八月）もスティーブ・バノン首席戦略官・上級顧問という、これまで彼を支えてきた参謀、いわば知恵袋を解任してしまいましたね。気に入らない人物はすぐにクビにするというのが、この人の特徴です。どちらかといえば、人の頭数を数えるよりは、すぐに頭をかち割るタイプの人かもしれません。とはいえ、このトランプが大統領に選ばれたわけですから、そこに何らかの理由があるわけです。なぜこの人物が大統領になれたのか、ちょっと思い出してみてください。

すでに触れたように、アメリカの大統領選では州ごとに選挙人を選びます。この選挙人の投票の結果として、大統領当選者が決まります。不思議な仕組みですよね。問題はまず、大統領選挙人です。なぜか国民の直接的投票によって大統領を選ぶのではなく、間に選挙人という人がいるのです。これは、国民が直接大統領を選ぶのは危険ではないかという、建国当初における懸念の産物として生まれた仕組みです。国民は大統領候補者の良し悪しを判断する能力を持っていないのではないか。それならばまず、見識のありそうな人を選挙人に選び、その人が大統領候補を選挙すればいいのではないか、というわけです。ある意味で、非民主的な仕組みですよね。いまはこのような非民主的な発想は後退し、選挙人は国民の投票に基づいて自らの票を投じるので、国民による直接投票と実質的には変わらなくなっています。ただ選挙人という制度自

[図4-1]2016年アメリカ合衆国大統領選挙の獲得選挙人と得票数

	獲得選挙人	得票数	得票率
トランプ（共和党）	304	6298万4828	46.1%
クリントン（民主党）	227	6585万3514	48.2%

体は残っています。アメリカという国には、変に物持ちがいいところがありますね。
ところで、みなさんも報道などで聞いていると思いますが、アメリカ全体で見たとき、ヒラリーの得票数は六五八四万票、トランプの得票数は六二九八万票でした。たいへんな接戦です。先ほど、民主主義とは「頭をかち割る代わりに、頭数を数える制度」であると言いましたが、この考え方からすれば、どちらの候補が勝つことになりますか？

——ヒラリー・クリントン。

そうですね。「クリントン候補の勝利、おめでとうございます」と言いたくなります。それなのに、どうしてそうならないのか。民主主義は人の頭を数えて決めるのに、変ではないですか？

——州ごとに選ぶから。

そうなのです。アメリカの大統領選の重要な要因として、州ごとに選挙人を選ぶということが挙げられます。そのため、いきなりアメリカ全体で票を集計するのではなく、州ごとにまず結論を出します。その際、多くの州では、多数の票を得た候補者がその州の選挙人のすべてを取ることになっています。いわゆる「勝者総取り（winner takes all）」ですね。結果として、国全体で見たとき、得票数の総数と選挙人の獲得数が必ずしも対応しないことになります。その違いが、先ほどのような重大な結果をもたらすわけです。

アメリカは連邦制であり、州の方が連邦より古い歴史を持っています。その意味では、まずは州ごとに結論を出すというのは理解できますが、より多くの票を集めた方が当選するという多数決ルールからすれば、とても微妙な結果とも言えます。このあたり、選挙制度というものの複雑さというか、難しさがありますね。

漁夫の利を生む選挙制度

しかしながら、言いたいことはこれだけではありません。バーニー・サンダースも今回のアメリカ大統領選を盛り上げた一人でした。この人が大学の学費無償化などの政策を掲げて、若者の間で熱狂的に支持された話は、第1講でしましたね。

サンダース候補が健闘したことは、重要な影響をもたらしたと言えるかもしれません。今回、共和党の候補者争いは、早めに決着しました。良きにつけ悪しきにつけトランプ候補に一本化したわけです。これに対し民主党は、主流派がクリントン候補を支持したのに対し、若者を含め、より左翼的で、社会主義的な政策を好む人たちが、最後までサンダースを支持しました。

想像してみてください。あなたがサンダースの熱烈な支持者だったとします。接戦の末、結局サンダースは民主党の大統領候補になれませんでした。民主党からはクリントンが候補として大統領選にのぞみます。でも、あなたとしては、やはりサンダース候補がいい。そのときあなたは、どういう投票行動をしますか。実際にはトランプとクリントンという選択肢しかないけれど、本当はサンダースが好きだとしたら、どうしますか？

——誰にも投票したくない。

そうですね。投票はすべきですが、別に誰もあなたを強制的に投票所に連れていくわけではありません。そうだとしたら、あなたはどうしますか？

——そしたら、行かない……。

行かない、そうですね。実際、今回の大統領選で、棄権をしたサンダース支持者は多かったと報道されています。「どうしてもサンダースがいい、ヒラリーなんていやだ」という人がたくさんいて、彼ら・彼女らの多くは投票に行かなかった。かといって、そういう人に「それでは、トランプが大統領になるのがいいですか」と聞けば、「とんでもない、トランプは論外です。でもどうしても、ヒラリー・クリントンに一票を投じる気にならないのです」と答えるでしょう。

何が起きたかと言えば、民主党の票が割れてしまったのです。サンダース支持者は、トランプは論外だと言いながらも、クリントンに入れるのもいやだと棄権に回りました。結果として、彼らの棄権はトランプを利してしまったのです。その判断は気持ちの上では理解できますが、彼らが最終的にトランプよりはクリントンを評価していたことを考えると、極めて非合理的な行動をとってしまったことになります。

もちろん、サンダースが候補者指名争いに加わらなければ良かった、というわけではありません。実際、彼を支持する人はたくさんいました。サンダースが健闘することで、そういった人々の願いや想いが政治的に注目されることになりました。そのことの意味は小さくないと思います。

とはいえ、トランプ候補に批判的な人からすれば、何とも無念な結果であったと言えるでしょう。正確には同じではないのですが、これと似たような事態が、二〇〇〇年の大統領選の際にも起きました。ジョージ・W・ブッシュが大統領になったときの選挙です（この事例は、後で触れる坂井豊貴さんの本が詳しく検討しています）。

このときの民主党候補はアル・ゴアでした。前のクリントン政権の副大統領であり、アメリカ中をネットでつなぐ「情報スーパーハイウェイ」の構想で知られていました。さらに、ドキュメンタリー映画『不都合な真実』（二〇〇六年）が話題になったように、環境問題にも深い関心を持つ候補でした。ゴアが大統領になった方が良かったと思っている人は、今日でもたくさんいると思います。

ゴアは人気がありましたし、知名度も高かった。なのに、なぜブッシュが勝ったのでしょうか。このときの得票数では、やはりゴアが五〇九〇万票、ブッシュは五〇四〇万票で、ゴアが勝っていました。なぜゴアは負けたのでしょうか。

すでに指摘した州ごとの選挙人という制度による部分が大きいことは言うまでもありません。

さらに、疑惑の残ったフロリダ州の選挙結果という要因もあります。選挙人の獲得競争において、最終的には票田であるフロリダ州の結果次第で勝者が決まるという事態になりました。しかも、ゴア、ブッシュの票数の差は極めてわずかでした。フロリダ州の郡の中には、昔ながらの手動パンチカード方式を取っていているところがあり（本当に物持ちのいい国です）、これが読み取り機で判断がつかないなど、笑えない悲喜劇もありました。結論として、疑惑の残るなかでブッシュの勝利が決定しました。

しかしこれらのことを別にすれば、やはり重要な意味を持ったのは、「第三の候補者」です。このときは、環境活動家として有名なラルフ・ネーダーという人が独立系の候補として大統領選に出馬していました。先ほど話したように、ゴアも環境派の政治家として知られていましたから、こと環境問題に関しては、両者は極めて近い立場にあったと言えます。これに対し、テキサス出身のブッシュ候補は石油資本をバックにしていたわけですから、ゴアやネーダーとは対極的でした。最終的には得票数で下回ったブッシュが勝利してしまうわけですが、ネーダーの獲得した三〇〇万票あまりの行方次第では、結果はひっくり返っていたかもしれません。

皮肉な話ですね。おそらくネーダーの支持者の多くは、ブッシュよりもゴアを支持したはずです。が、ネーダーが出馬することで環境派の票が割れて、ブッシュが漁夫の利を得てしまったのです。このように相対的に多数をとった候補者を勝利させる単純多数決の仕組みは、ときとして思わぬ結果をもたらすのです。

2　出来がよくない集約ルール、選挙制度

ボルダ・ルールという決め方

ここで、おもしろい本をご紹介します。坂井豊貴さんの『多数決を疑う――社会的選択理論とは何か』（岩波新書）です。坂井さんは私の友人であり、社会における選択ルールを解明する社会的選択理論を研究する経済学者です。この本はたいへんに読みやすく、勉強になるのでオススメです。いま紹介した二〇〇〇年のアメリカ大統領選についても、坂井さんは本の冒頭で触れています。その上で、坂井さんはこう結論づけます。「多数決は、みんなの意見を集約するための一つのルールに過ぎない。しかもあまり出来がよくない」。かなりインパクトのある発言ですね。要は、多数決はたくさんある「決め方」の一つに過ぎず、それも最善のものではないと言うのです。その理由は、多数決という仕組みが、候補が三人以上いるときに変な結果を導いてしまう点にあります。ネーダーの事例がまさにそれですね。

このような欠陥を持つ多数決に対して、坂井さんは「ボルダ・ルール」という別の決め方を紹介しています。三人の候補者がいる場合に、一位には三点、二位には二点、三位には一点という点数をつけるのが、ボルダ・ルールです。数学者ジャン＝シャルル・ド・ボ

ルダの名前にちなんでいます。

ちょっと試してみましょう。

候補者XとYとZがいたとします。三人に一位から三位まで順位をつけて投票してもらいます。その結果、一位にX、二位にY、三位にZとした人が四人、一位にX、二位にZ、三位にYとした人が四人、同じようにYZXが七人、そしてZYXが六人だとします。単純多数決だと、誰が選ばれるでしょうか？

——X。

Xですね。多数決は通常一位しか見ません。心の中では、「自分は一位がネーダーで二位がゴアで、三位がブッシュ」だと思っていても、投票用紙にはネーダーの名前しか書きません。多数決ルールでいくと、Xは八人、Yは七人、Zは六人ですから、一位は当然Xです。Xさん当選。はたして本当にこれでいいのでしょうか。

考えてみてください。実は二位にXを入れた人は一人もいません。三位にXを入れた人、つまりXが最悪だ、Xだけは絶対にいやだと思っている人は何人いますか？

——一三人。

そうです。Xがぜひ良いと言っている人は八人しかいないのに対して、Xだけは絶対に避けたいと思っている人が、実は一三人もいるのです。これでXを当選させて、いいと思いますか。

ある意味で、YとZという候補がいるために、Xを嫌う人の票が割れているわけですね。まさにいま見てきたパターンです。ネーダー、ゴア、ブッシュの場合がそれです。ブッシュだけはいやだという人がたくさんいたにもかかわらず、ネーダーとゴアで反ブッシュ票が割れてしまい、ブッシュが勝利したわけです。サンダース、ヒラリー、トランプについても、似たようなことが言えそうですね。

さらに、ペアで比較してみましょう。XとYの二人を比べた場合、どちらを好んでいる人の方が多いでしょうか。Xを好んでいる人、Yを好んでいる人、それぞれ計算してみてください。優先順位はどちらが高いですか。

Xの方がYよりもいいという人は、八人です。これに対して、Yの方がXよりもいいという人は一三人です。そうだとすれば、XとYを相対比較した場合、Yの方が多いことになります。XとZを比較しても、Zの方が多いのです。つまり、三人をペアで相対比較すると、Xが最も不人気なのです。でも繰り返します、いまの仕組みだと、Xが当選してしまいます。

そこで今度は、「ボルダ・ルール」でXYZの点数を計算してみてください。

Xは何点でしょうか?

——三七点。

正解です。Yは？

――四五点。

早いなあ。みんななんて頭がいいんだろう。Zは？

――四四点。

はい、そのとおり。誰が勝利者ですか？

――Y。

そうですね、Yさん、おめでとうございます。

先ほどのXとY、XとZのペア比較でも、Xは一番よくなかったですね。ボルダ・ルールで決めると、まったく違う結論になるのです。

要するに多数決ルールは、二者択一ではそれなりの合理性がありますが、選択肢が三つ以上の場合、高い確率で変な結論が導き出されてしまうのです。強い人同士が潰し合って、弱い人が勝ってしまうことが多々あるのが多数決というルールの性質なのです。

選択肢は、普通は三つ以上あります。それなのに、ルールとしてはとても問題のある多数決が、世界中で採用されているのです。結果として、漁夫の利を得る候補もたくさん現れてしまうのです。

4人 4人 7人 6人
1位（3点）
2位（2点）
3位（1点）
Y支持者とZ支持者で票が割れている
Xが1位は8人
Xが最下位は13人

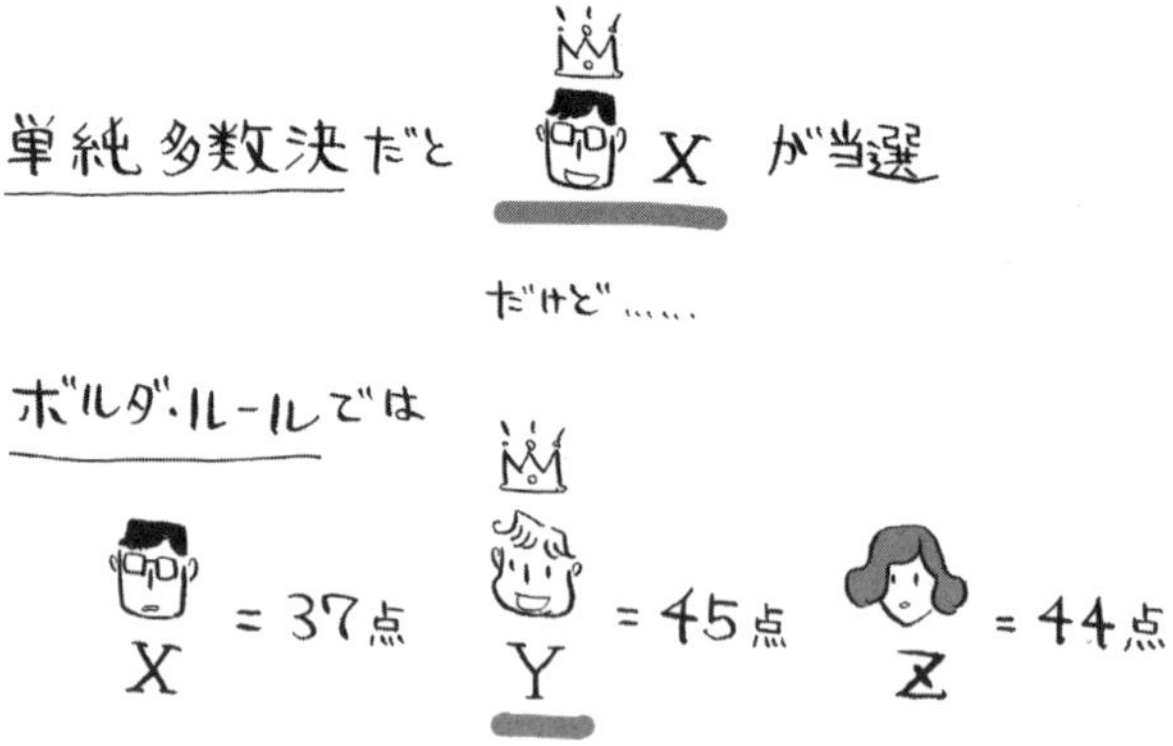
単純多数決だと X が当選
だけど……
ボルダ・ルールでは
X ＝37点
Y ＝45点
Z ＝44点

ボルダ・ルールは面倒くさいと思うかもしれません。でも、現在のようなコンピューター時代では、これくらいの計算はほぼ自動的に、一瞬でできてしまいます。それに、世界には実際ボルダ・ルールを採用している国もあります。坂井さんが紹介しているのは、太平洋南西部に浮かぶ島国、ナウル共和国です。やればできるし、単純多数決よりもはるかに真っ当な結論が出るにもかかわらず、世界の多くの国々はいまだにボルダ・ルールを採用していません。

多数決は物事を決めるときには仕方がない、とよく言います。でも本当にそうでしょうか。坂井さんの本を読むだけでも、他にもっと賢い方法があることがわかります。その意味で、人類は本当に怠け者だなと思います。多数決という非常に不出来なルールを問題があると認識しながらも、何となく惰性で使いつづけているわけですから。もっと考えた方がいいと思うのです。

中選挙区制VS小選挙区制

もうひとつ、私たちの選挙制度について考えてみたいと思います。日本では、ついこの前まで中選挙区制を採用していました。

中選挙区制とは、ひとつの選挙区から三～五名の人を選ぶ制度です。一九九四年まででですから、みなさんの記憶にはないかもしれませんが、比較的最近まで使われていた仕組みです。これに対し、いまは小選挙区制です。小選挙区制とは何でしょうか？

――一つの選挙区から一人を選ぶ。

その通りです。一つの選挙区から一人しか当選しない仕組みを、小選挙区制といいます。実は、政治学の用語としては中選挙区制という言葉はありません。一つの選挙区から一人を選ぶのが小選挙区制、二人以上が当選するのが大選挙区制です。ですから、日本は大選挙区制を取っていたわけですが、慣例上、これを中選挙区制と言っています。三〜五名というのは、微妙な数字ですよね。

いまでも中選挙区制が良かったという人がけっこういます。小選挙区制になってから政治家が育たなくなった、小粒になったという声をよく聞きます。

小選挙区制ではひとつの選挙区から一人しか当選しませんから、同じ政党で票を食い合わないように、候補者を一人に絞るのが普通です。でも中選挙区制の頃は、同じ選挙区に同じ政党から複数の候補者が出ました。議会で過半数を得るためには、ひとつの選挙区から二人か三人が当選する必要があったためです。このため自民党などは各選挙区に複数の候補を擁立していました。中には、保守系であるにもかかわらず自民党の公認をもらえず、無所属で出る候補もいました。意外にそういう人の中から、その後に有力になる政治家も出てきたのです。

そのためでしょうか、中選挙区制のときの方が、おもしろい人材が出てきたという声もあります。小選挙区では無所属の候補はなかなか当選できません。そのため、候補者はどうしても党の公認を得ようと必死になります。必然的に候補を公認する権限を持つ幹事長をはじめとする党の中枢の権力が強くなります。かつての議員の中には党の幹部に逆らって、造反をしても何とも思わない猛者が少なからずいました。彼らの多くは、「自分は自分の力で当選したのであって、党の恩義など受けていない。また無所属に戻ったとしても十分に当選できる」と思うことができたのです。その意味では、当時の議員の方が党幹部の鼻息をうかがうことなく、のびのびしていたという声が出てくるのも不思議ではありません。

みなさんはどう考えますか。中選挙区制と小選挙区制のどちらがいいですか。ちょっと議論してみてください。

小選挙区のほうがいいという人は？

——(三割ほどが挙手)

おや、かなり少数派ですね。中選挙区の方がいいという人は？

——(大多数が挙手)

どうしてですか？

——小選挙区だと、選挙が終わった後の国会が同じ政党の人ばっかりになってしまう……。

なるほど、中選挙区の方がいろいろな政党の人が選ばれるというわけですね。確かにそのとおりです。

政治学に、デュヴェルジェの法則というのがあります。フランスの政治学者、モーリス・デュヴェルジェが唱えた、政治学では数少ない「法則」のひとつです。この法則によれば、選挙区ごとにM人を選出する場合、候補者の数はM＋1に収斂《しゅうれん》していきます。つまり、一人しか当選しない小選挙区制度であれば、基本的に候補者は二人になるということです。それ以外の候補者にはあまり当選の可能性はありません。結果として、政党の数も二大政党制へと向かいやすくなるというわけです。はたしてこれが本当に「法則」と言えるほど必ず実現するかについては疑問もあるのですが……。

このようなデュヴェルジェの法則が当てはまるとすれば、小選挙区制を採用している限り、政党の数は少なくなる。当然、そのバラエティも少なくなっていきます。しかも、小選挙区制の場合、わずかの票数の違いが当落を決めるので、ちょっとした世論の変化によって、かなり劇的に選挙結果が変わってくることがあります。その意味でも、同じ党の人ばかりになるという指摘はもっともですね。あとでお話しする比例代表制の方が、もっとたくさんの政党が出てくることになります。

他に中選挙区の方がいいという人は？

――せっかく入れた票が無駄になるから……。

そうですね。小選挙区は一人しか当選しないから、二位以下の候補者に入れた人の票は無駄になります。死票ですね。だから小選挙区制はダメだという議論は、小選挙区制への反論としてよく言われます。

それでは小選挙区の方がいいという理由は？

――決めやすい……。

なるほど。政党がたくさんあって意見がバラバラだと、なかなか物事は決められないかもしれません。世の中は最終的には、やるかやらないかに帰着することがあります。そのようなときに、さまざまな意見の政党が並立してしまうと、決めるのにどうしても時間がかかります。その点、二大政党制をもたらしやすい小選挙区制だと、良きにつけ悪しきにつけ、ひとつの結論が出やすいと言えます。物事を決めるのに適した仕組みと評価することも可能です。

あとは、派閥ができにくい、という点もよく指摘されます。かつて中選挙区制であったときには、同じ選挙区内に同じ党の候補者がいることが当たり前でした。そのような候補者にとって、お互いは当然ライバルです。しかも党の看板だけではけっして戦えないので、各候補者は、党内で頼り甲斐のある親分を探してきました。田中角栄や福田赳夫といった有力な政治家の下に派閥ができたのはそのためです。そういった政治家にとっても、自らの派閥のメンバーを増やすことが、自分の政治力拡大に直結しました。自民党といえば派閥政治と言われたことがありますが、ある意味で、選挙区制による当然の帰結であったとも言えます。

さらに言えば、中選挙区制の下では、細かい特殊利益が横行しがちであったという評価もあります。候補者は党の看板だけでは戦えない以上、自分で支持団体を探さざるを得ません。ひとつの選挙区で三〜五位以内にギリギリ滑り込むだけならば、それほど多くの票はいりません。特定の支持基盤をがっちり固めれば、十分に当選できる。この人は農協系、この人は漁業組合、この人は労働組合と、ほとんどの政治家は何かしらの組織とセットになっていました。結果として、そのような政治家は国会に行っても、自分を支持してくれた組織や団体の利害の実現に熱心になります。国全体の利益はどこへやら、個別の利益ばかりが横行するというわけです。

これではいけないということで一九九四年に小選挙区制が導入されたわけですが、それが良かったのか、悪かったのか、いまだに決着がついていません。

制度改革はまだまだ途上

このように国政レベルでも、どのような選挙制度を取るべきなのか、いまだに議論が続いています。ところで、さらに問題なのは、地方議会の選挙制度です。

たとえば東京都世田谷区議会の議席数は何名だと思いますか。実に五〇名です。その何倍もの候補者が選挙に出るわけですから、各候補の公約や政策を知るだけでも大変です。

みなさんだったら、一〇〇名以上の候補者について、一人ひとりちゃんと見ますか？

——大雑把にしか見られないかも……。

偉いなあ。僕なら最初の一〇人くらいで飽きてしまうかもしれません。後はもう、政党で判断するか、顔写真を見て決めるか、みたいになってしまうと思います。

やはり候補者の数が多すぎるのも問題です。そうなると逆に、それほどたくさんの票を集めなくても、当選できることにもなります。みなさんだって、頑張れば当選できるかもしれませんよ。自分の学校の同窓会とか、親戚とか、近所の人とか、片っ端からかき集めれば三〇〇〇票くらい集められませんか。毎朝駅前に立って、にこやかに「若いです！元気です！　頑張ります！」と演説したら、ひょっとしたらいけるかもしれません。

先ほど「政党で判断する」と言いましたが、地方議会、とくに市区町村議会の場合、そもそも無所属の人が多いですよね。本当に政党とのしがらみが一切なく、自前で選挙をしているというのであれば、それはそれとして評価できるかもしれません。ところが、実際には政党と深くかかわっていながら、無所属を掲げる人もいます。また、選挙後の議会の構成を見たりすると、よくわからない会派がたくさんあったりしますよね。外から見る限り、議会がどういう具合に運営されているのか、わかりませんね。

とはいえ、これも選挙制度のせいとも言えます。当然、このような選挙制度の下では、政党の看板だけでは当選できません。自分なりに支持者を見つけてこなければならず、他の候補との住み分けも考えないといけません。選挙区が分かれているわけではないのに、あの地区はAさん、この地区はBさんというような住み分けが、暗黙のうちに形成されることもあるでしょう。結果として、ほとんどの人が無所属でありながら、しかし実際には政党とのかかわりがあり、さらによくわからない会派が乱立するという事態がしばしば見られます。国政との関係も考えながら、もう少し工夫する余地がありそうですね。

都道府県や市区町村の議会選挙の投票率は、一般的に高いとは言えません。これを有権者の政治的関心の低さのせいだとすることも可能ですし、実際に「選挙に行こう」という啓蒙活動もなされています。が、このような仕組みの下では、候補者を選べと言われても選びようがないということも多いでしょう。誰が誰だかわからない、というのが正直なところかもしれません。国政と同じく、地方議会も政党本位の選挙にするのが良いとは限りませんが、いずれにせよ、もう少し制度を工夫し、改良する必要がありそうです。

みなさんは世の中の政治制度は、大の大人が何十年にもわたってしっかりと考えてきちんと考え、設計し、一つひとつ改善してきた結果だと思うでしょう。ところが、これまで話してきたように、現実は必ずしもそうではありません。歴史的にたまたま作られた制度が、人口をはじめとする社会の変化のなかで、なし崩しに変わってきたという方が実際に近いでしょう。デタラメとまでは言えなくても、少なくとも合理的な説明が難しい仕組みがいまでも続いています。

逆に言えば、まだまだ考える余地、変える余地があるということなのです。なんとかみなさんの世代が政治の場で中心的に活躍するときまでに、制度を改善したいと僕自身思っています。

多数代表制VS比例代表制

ということで、ここからは教科書的な説明です。

多数代表制は、勝者総取り（winner takes all）ですから、死票が多く出ます。小選挙区制もそうですね。一方で、政党の数は収斂しやすく、二大政党になる傾向があります。権力の所在が明らかになり、責任がはっきりするのは良い点とも言えます。

比例代表制は、得票比率に基づいて複数政党の議席を配分する仕組みです。少数派の意見が取り上げられやすいのは良い点ですが、政党の数が増える傾向があります。単独政権は難しく、連立政権が起きやすい制度と言えます。

関連して、多数決民主主義か、合意型民主主義かという議論もあります。レイプハルトというアメリカの政治学者による分類ですが、民主主義の本質を多数決による明確な意思決定に見出すか、それともさまざまな立場の人々の間の合意形成に見出すか、という民主主義観の違いと直結しています。

どちらがいいか、みなさんの意見を聞いてみたいと思います。これはある意味で、みなさんの民主主義観が問われる問題だと思います。みなさんにとって、民主主義とは何か、政治は何をどう決めるべきか。意見は割れると思いますが、よく考えてみてください。

さあ、多数代表制がいいと思う人？

――（三割が挙手）

比例代表制がいいと思う人？

――（七割が挙手）

やはり比例代表制が多いですね。どうしてですか？

――やっぱり、少数派の意見がまったく反映されないっていうのはよくないから。

やはり、その点が気になりますね。

――あと死票の方が、勝った人の票より多くなるのは不思議な感じがしてしまうので。

なるほど、そういう事態も起こりえます。それでは多数制に挙げた人はどうでしょうか？

――比例代表制でいろいろな党ができて、結局決まらなくて何もできないっていうのが一番ダメかなと思うので。

なるほど、少数意見は擁護したいけれど、少数意見が多すぎると、ものを決められなくなって困るというわけですね。

——そういういろんな意見があるのを、どう乗り越えていくかっていうのが政治だと思います。

うん、これもいい答えですね。いろいろな意見の違いを選挙によって最初から消してしまうのではなく、あくまで議会できちんと議論をした上でまとめたいという意見ですね。問題は議会に来る前に違いを調整するか、それとも議会において議論するか、ということにもなりそうです。

多数代表制の擁護論はもうありませんか？

——比例代表制だと、選択肢がいっぱいあって、そのぶん議論に時間がかかってしまう。多数制だと二者択一になりがちですけど、生活とかに反映されるのは早いかなと。

そう、争点によっても違うかもしれません。確かに少数派の意見を慎重に聞くべきテーマも多いでしょう。その一方で、もはや、やるかやらないか白黒をはっきりすべきテーマもあるはずです。その場合、延々議論を続けるよりも、争点を二者択一にして、選挙で一気に決着をつけてしまう方が早いでしょう。

そうだとすれば、テーマによって選挙制度を変えるのが良いことになります。しかし、現実的にそれは難しいので、結局のところ、あらゆる制度は「帯に短し襷《たすき》に長し」ということになります。どれか一つが絶対的に正しいとは言えない、という平凡な結論です。

ちなみに比例代表制の方が人気なので付け加えておきますが、比例代表制では票が割れて政党の数が増えるので、だいたい連立政権になります。そうすると、いくら選挙をしても、結局あまり変化はないということもありえます。A党、B党、C党、D党の比率は変化しますが、政権を握るのはいつもA党とB党か、A党とC党の連立政権というような場合ですね。

多数制は一回の選挙でガラリと変わりますから、政治に変化を求める人には、多数代表制の方がいいかもしれません。もちろん、あまり急激に変わりすぎるのもいやだ、という考えもあるでしょう。

答えはないのですが、とにかく考えてほしい、というのが一番のメッセージです。

- 多数制——勝者総取り、死票が多いが政権政党に権力と責任を集中
- 比例代表制——得票比率に基づいて複数政党の議席を配分、少数派の意見がとりこぼされにくく、連立政権が多くなる
- 多数決型民主主義か合意型民主主義か？

3 もっと選挙制度について考えよう

日本の民主主義はエピソード合戦？

このような議論とはちょっと縁遠いのですが、昔の日本社会における「決め方」の一つを紹介しておきます。宮本常一（一九〇七―一九八一）という民俗学者をご存知ですか。『忘れられた日本人』（岩波文庫）という本が有名ですが、まだ新幹線もなかった時代に、日本中の地域を、文字通り足で歩き回って調査をした人です。

あるとき、宮本常一は対馬に調査に行きました。そこでこんなことがあったそうです。その村には、貴重な史料が保管されていた。「史料として非常に貴重なのでぜひ見たい、貸していただけませんか」と宮本たちが頼んだところ、地域のおじさんたちは「これは大切な史料なので、外の人に貸すわけにはいきません」といったんは断った。「そこをなんとか」と食い下がると、「それでは、一度村の寄合にかけてみましょう」となった。寄合では村の人が集まり、「どうするか」と議論したのですが、その様子がおもしろいのです。

昔の日本の地域では、きっとこんな感じだったのでしょうね。「貸してあげて、学問に貢献する方がいいよ」という人もいれば、「人様に知られると、村の恥ずかしい内容も書いてあるからいやだ」という人もいるでしょう。そのうちみんな話が拡散していき、「そういえば、昔もそんなことを頼んできた人がいた」「そういえば昔こんな人が来た」「そういえば昔こんな人がいておもしろかった」と話が飛躍していきます。だんだん何の話だかわからなくなってしまいます。

宮本たちはハラハラしながら議論の行方を見守るのですが、やがてみんなくたびれてしまい、「また今度、あらためて議論しよう」ということで寄合は解散になってしまいました。その後、またあらためて寄合が開かれ、議論が再開するのですが、また誰かが「そういえば」と言い出して、話が逸れていきます。議論の効率という点からすれば、実に効率の悪い「決め方」と言えます。

それでも、これはこれで人々の知恵なのかもしれません。

みなさんも、「さあ、みなさん、今日は重要な決定をする会議です。自由に話してください」と言われることがあるでしょう。でも、そういうときって、緊張した空気が流れて、なかなか思うように発言できなかったという経験はありませんか。きちんとした会議であればあるほど、自分もきちんとした意見を言わなければならないと思う。でも、そう思っていると、なかなか口を出しにくくなってしまいます。「ちゃんと意見を言いなさい」と言われれば言われるほど、頭がコチコチになってしまうのです。

むしろ雑談調で、「そういえば、こんなこともあったね｜」みたいな感じで自由に連想を膨らました方が、いろいろな話が出てくるのではありませんか。時間や効率を気にせず、話がぐるぐる回っているうちに、誰もが少なくとも一度は何かを言う。結果として、自分

どうする？
OK
NG
そういえば昨日……
それな
ああ俺も……
何の話だっけ…？
？
帰ろっか……？
あれっ？
翌日
あ そういえばさ
それな
で、何だっけ
あれ？
あー
うん
OKじゃない？
それなー

も議論に参加したという満足感が得られる。さらには、何となく議論の大勢というか、みんなの共通の感覚のようなものも感じられるかもしれません。

対馬の寄合でも結局、延々議論を重ね、最後は「まあ、村長さんに一任しましょう」ということになり、村長さんが「まあこの人たちも悪い人じゃなさそうだから、貸していいんじゃないですか」という結論になったそうです。

これも最初から多数決を取っていたら、違う結論になったかもしれません。それでも、こういう村落では、いきなり決を採るようなことはしないのです。それよりもむしろ、時間をかけて全員が議論に参加し、次第に場の共通感覚のようなものをつくり出していくわけです。その方が、終わったときに、一人ひとりが「自分も議論に参加した」「けっこういいことを言ったかもしれない」などと、充実感を覚えることができます。多数決を取ることで村が真っ二つに分かれることも避けられます。

あまりにも非効率的でバカバカしいと思うかもしれません。もちろん、こんな非効率的なやり方では、近代国家を運営することはできないでしょう。とはいえ、ものを「決める」ということは、本当はそれぐらい繊細なことなのかもしれません。ろくに議論もしないで、相対的に数が多い人にすべてを委ねる多数決は、大切なことを決めるにはあまりに乱暴な仕組みではないでしょうか。

フランスの二回投票制

ちなみに、これにやや関係しているのが、フランスの二回投票制です。ご存知ですか？

――大統領選がこの前（二〇一七年）あったから、知っています。一回目で票が割れたら、決選投票をやるみたいな。

そのとおりです。一度目の投票で過半数を超えた候補がいなければ、一位と二位とで決選投票をするという仕組みです。一回で過半数を取る候補はあまりいないので、だいたい二回やることになります。大統領選でも、国民議会選挙でも、地方県議会選挙でもこの仕組みを採用しています。この仕組みをどう思いますか。これから衆議院選挙も都道府県議会選挙もみんな二回投票制ですと言われたら、どうですか？

――面倒くさい……。

面倒くさいですよね。ただでさえ、投票に行くのが億劫《おっくう》なのに、短い間隔で二度も行かねばならないとすれば、なおさらです。

ちなみに僕が昔、フランスにいた二〇〇二年のことですが、極右政党である国民戦線のジャン＝マリー・ル・ペンが大統領選で二回目の投票に残ったことがありました。マリーヌ・ル・ペンのお父さんですね。いまでこそ、極右政党の躍進はめずらしくありませんが、当時はあまり予想されていなかった事態で、フランス社会に大きな衝撃を与えました。その際に、よく耳にしたのが、次のような説明でした。

問題は二回投票制である。というのも、多くの人は、当然のことながら、第二回に残るのは二大政党であった共和国連合のジャック・シラクと、社会党のリオネル・ジョスパンであると考えていた。とくに左派のジョスパンの場合、支持層である学生や教員が休暇の季節で油断していた。どうせ第二回に残ると思っていたために、ル・ペンに持っていかれたというわけです。

この珍説があたっているかはともかく、第二回ではともかくル・ペンは避けようと左派の票までがシラクに回り、ル・ペンの勝利はなりませんでした。この構図はいまのマリーヌ・ル・ペンにも当てはまります。逆に言えば、もし一回の投票で相対多数の候補を当選させるなら、ル・ペンが勝利してもおかしくないわけです。

このようにフランスの二回投票制は、多数決の一回勝負の危険性を踏まえた上で、その弊害を取り除こうとするものです。すでに触れた二〇〇〇年のアメリカ大統領選も二回投票制ならば、違う結果になったかもしれません。二回投票制は、第一回と第二回の間で、有権者に必然的に考える時間を与える仕組みなのです。

フランス人らしい知恵だなと思います。フランス人は基本的には面倒くさがり屋です。それでも、彼らには恐怖政治に行き着いたフランス革命の反省がある。たまたま相対的に一位になった人に一度で決めてしまうというのはやはり危険だ、最終決定をする前に、一人ひとりがよく考えて、二回目で決めよう、というわけです。これはこれで良い仕組みかもしれません。ボルダ・ルールを考えたフランスらしい大人の知恵と言えるでしょう。

選挙制度の可能性

一方、現在の日本はどうでしょうか。いま、いろいろな改革の議論がなされています。たとえば二〇一六年の参院選では、鳥取県と島根県は同じ選挙区になりました。徳島県と高知県も同一選挙区です。いわゆる合区ですね。人口が減少して、一つの県では一つの議席を与えることができなくなったための苦肉の策です。それでも、かなり異質な二つの県をまたいだ選挙区の設定に地元では戸惑いの声も多く聞かれました。

島根と鳥取の場合、どちらも東西に長い県ですから、一緒にしてしまうと、東西に横長の選挙区になります。「同じ選挙区です、あなたたちの政治家を選んでください」と言われても、誰を選べばいいのか、困ってしまいますよね。

確かに定数の格差の是正は重要な課題です。一票の重みは等しくなければならない、したがって、二倍以上の格差を認めるわけにはいかないというのは、強力な論理だと思います。とはいえ、現在の日本のように、地方の人口が減少し、都市部へと人口が移動している場合、定数を是正すればするほど都市部の議席が増えて、地方の議席が減っていくことになります。ひとつの県から一人も議員を出せないとしても、それはやむを得ないと言えます。

とはいえ、それが行き過ぎれば、地域の意見が国政にまったく反映されないことにもつながります。そうだとすれば、あるいは地域代表的な仕組みを考える余地もあるかもしれません。すでに何度も言及しているアメリカの場合、上院議員は、人口の多い州も少ない州も定数は同じです。これは簡単には日本に導入できない仕組みですが、いろいろな考え方があることを示唆していると言えるでしょう。

「世代別選挙区」という考え方もあります。冒頭にお話ししたように、いま、若者の声が選挙で反映されにくい状況があります。地域別で選挙区を設定すると、どの選挙区においても若者は少数派になり、なかなかその声が政治に反映されにくい。ならば、いっそのこと世代別に選挙区をつくってみてはどうだろうかという発想です。

二〇代選挙区、三〇代選挙区、四〇代選挙区、五〇代選挙区、六〇代選挙区という具合です。もちろん議席数は人口比例ですから、いまの日本社会では、六〇代選挙区、七〇代選挙区の定数が多くなりますが、間違いなく二〇代選挙区にも議席は割り当てられます。数は少なくても二〇代の代表者が必ず議会に送り込まれるのです。

この世代別選挙区を支持する研究者は多いとは言えませんが、根強い支持があります。実現性はともかく、考え方としては興味深いと思います。

選挙区の決め方も難しい

・参議院の合区問題

・定数是正は絶対的に正しいか？

・なぜ地域別の選挙区制度なのか？

・「世代別選挙区」はおかしいか？

分人民主主義？

ことほどさように、選挙制度は難しいのです。そもそも一つの政党、一人の候補者を選ぶこと自体が難しいと思いませんか。人はいろいろな政策に関心がありますよね。場合によっては、経済政策はA党がいいけれど、憲法とか安全保障政策はB党が良くて、環境問題に関してはC党が好きだということもありますよね。そもそも、完全に自分と意見が一致する党や候補者なんて、ほとんど存在しないのかもしれません。それなのに、無理やり一つに絞るとすれば、それ自体がかなりの問題です。

ということで、この本をご紹介します。鈴木健さんの『なめらかな社会とその敵』（勁草書房）です。ちょっと難しい本ですが、メッセージがおもしろいです。鈴木さんが強調するのが、「分人民主主義（divicracy）」です。個人（individual）というのは、元々はこれ以上分割できない単位を意味しますが、一人の人間の中には、互いに矛盾するいろいろな考えがあります。それを無理して一つの党や候補者に託そうとするから、投票が難しくなるのです。

「経済政策はA党、でも憲法はB党、環境はC党」みたいに、一人の中でも違う政党への支持があるかもしれません。同じ環境政策でも、五分の四はこの候補者が正しいと思うけれど、五分の一くらいはこちらの人を支持してみたいということもあるのではないでしょうか。一〇〇パーセントこの政党、この候補者が良いなんていうことの方が滅多にないのです。

経済はAがいい
憲法はBがいい
環境はCがいい
こうできたら
A
B
いいのに……
1票しかない……

それならば、一人一票は守るにしても、その一票を分割し、五分の四票をA党、五分の一票をB党に入れるというのはどうでしょうか。これも昔なら不可能だったでしょう。でも今ならば、コンピュータを使えばそのような投票の集計も簡単にできるはずです。無理に一つの政党、一人の候補者を選ぶよりも、よほど思いを実現できるかも知れません。

さらに言えば、自分はその道の専門家ではないので判断できないけれど、この問題なら○○さんの意見を聞いてみたい、という人がいるかもしれません。環境問題にすごく詳しい山田さんという人がいる場合、自分の票を山田さんに託すというのはどうでしょうか。わからないままで投票するくらいならば、その方が、票が生きるという考え方もありうるでしょう。著者の鈴木さんはそのように考えます。

いかがでしょうか。世代別選挙区とか、分人民主主義とか、現状ではなかなか実現は難しそうです。それでも、他の仕組みもありうると思考実験をする上では、意味のある議論だと思います。いまの地域別選挙における多数決という仕組みが絶対ではないのです。

考えるべきは、民主主義に何を求めるかです。迅速で責任ある決定なのか、少数派を排除しない合意なのか。偶然に左右されるのではなく、より多くの人が納得できる決定法は、もっと考える余地があるのではないでしょうか。選挙制度について改めて考えよう、というのが今回の趣旨でした。

――先ほど少数派の意見を尊重できるみたいな制度がありましたが、あんまり少数派の意見を聞きすぎると、国会とかで決めるべきことが増えちゃって、決められなくなるんじゃないかなって思ったんです。

難しい問題ですね。こういう言葉を聞いたことはありますか、「veto」、拒否権という意味の言葉です。少数派の権利の擁護は、民主主義においてとても大切なことです。でももしその少数派がつねにveto、すなわち拒否権を行使できるとすれば、何も決められなくなる可能性があります。「拒否権プレイヤー（veto player）」という言葉もあります。このような拒否権行使者をどのように扱うかというのは、政治においてつねに問題になるポイントの一つです。

いつもの例ですが、「修学旅行はどこへ行くか」についていろいろな意見を交わした末に、「日本の古典を学ぶにはやっぱり京都だ、よし、京都にしよう」となったとします。そこで「待った！　私は熱海がいい。熱海以外は絶対に認めない」という人が出てきたとします。まずはみんなで説得しますね。みんなで必死になって「別のクラス旅行の機会があれば、そのときは熱海にしよう」となだめるけれど、「いやだ、私の修学旅行の思い出は熱海とともにしかありえない。熱海じゃなきゃいやだ！」と言われて、頭をかかえてしまうことがあるかもしれません。

政治の世界でもあります。たとえば国連の安全保障理事会は、常任理事国である五大国には拒否権があるので、一か国でもいやだと言えば、その瞬間に何も決められなくなります。難しいですね。少数派の意見は擁護しなきゃいけないけれど、拒否権プレイヤーが権限を行使しすぎると、物事が決まらなくなってしまいます。全会一致主義は、裏を返すと拒否権プレイヤーが最強になる仕組みでもあるのです。一人でも反対すれば、何も決まりません。

日本の場合、意外に多くの組織でそういう状況があるかもしれません。多数決で決めるのは最終手段、まずは議を尽くして、全員一致を目指すという組織は多いと思います。その場合、みんな一生懸命議論するのはいいのですが、なかなか物事が決まらないとも言えます。結局、問題を先送りするしかないという事態になりかねません。特定の拒否権プレイヤーが極めて大きな力を持ってしまうのです。少数派意見の擁護と、拒否権プレイヤーの過大な力の抑制のバランスをどうとるかは難しい問題です。

多数決に起源はあるか

——多数決って楽な仕組みだから、すごく前からあったんじゃないかと思うのですが、いつ頃からあるんですか？

興味深い質問ですね。多数決にせよ、全会一致にせよ、前提には一人一票がありますよね。ところが、人類の歴史上ほとんどの時代、すべての人に一票が認められるなんてことはありませんでした。多くの場合、一人の王様か、少数の貴族がすべてを決めてきました。それが次第に、選挙権が拡大し、女性の参政権が認められたのは、ようやく二〇世紀の話です。一人一票という原則があって初めて多数決か全会一致かという議論になりますが、一人一票が当たり前になったのは、かなり最近のことです。その前提があってこそ、数の多い方が意味を持つという多数決の原則が成り立つようになりました。

これに対し、先ほどの村の寄合のような場面では、やはり全会一致主義が多かったでしょう。誰もが寄合に参加できたわけではありませんが、少なくとも、参加者の中で一人でも文句を言う人がいると決まらなかったのが伝統的社会です。

多数決というのは、勇気のいる仕組みです。人数を正確に数えて、少しでも多い方を勝ちにするというのは、共同体や組織を二分してしこりを生む可能性があります。それでも多数決という仕組みが拡大したとすれば、その前提には、多数と少数の入れ替え可能性が必要でした。すなわち、今日は勝った人が、明日は負けるかもしれないという建前があってこそ、多数決は意味があります。いつも少数派が決まっていて、いつも負けるのなら、そのような少数派は多数決という仕組みを認めるはずがありません。

また、多数決を成り立たせるための前提には、少数派になったとしても最低限の人権は保障されていることが重要です。少数派になったら命が奪われる可能性があるのでは、多数決のたびに流血の騒ぎとなります。その上で、いま言ったように、勝者は敗者に、敗者は勝者につねに変わりうるという前提があってようやく、多数決制は広く認められるようになったのです。

それでも、いまの社会においてなお、これらの条件が整っているかは怪しいですね。多数派が少数派を抑圧して人権を奪う事例に事欠きませんし、宗教的・民族的に少数派が存在して、そのような人々がどうしても選挙で負けてしまう国もあります。

とはいえ、多数決はやはり物事を決める際の大きな武器です。弊害も多くて危険な武器ではありますが、使わなくてはいけない場合もある。それが今日のコンセンサスではないでしょうか。

――今日は多数決以外の投票制度をたくさん見てきましたが、それをいまの社会制度に反映していくのには、どのくらい超えなきゃいけない壁があるのかな、と思いました。

それこそ先ほどの坂井さんの問題意識ですね。彼はさらに、ボルダ・ルールよりも良いルールもあると言っています。ですから、いくらでもやりようはあるのです。しかしながら、なかなかそれが採用されていないところを見ると、やっぱり壁は大きいのでしょうね。アメリカの選挙制度で「物持ちが良い」と指摘しましたが、人はなかなか既存の制度を改めないのです。

最大の壁は、想像力の壁ではないでしょうか。こういう仕組みが当たり前だと、みんな何となく思っていますよね。でも民主主義の多くの制度は、たかだかこの二〇〇年あまりの間に採用されたものです。その間に何となく決まったのが現在の諸制度です。多数決もその一つに過ぎません。どう考えてもまだまだ工夫の余地があるのです。それなのに、みんなこれを当たり前とし、民主主義といえば多数決と思い込んでいるのが何よりの壁なのです。

多数決が機能するのは、一定の条件の下のみです。その条件が当てはまらない場合、ボルダ・ルールをはじめ、いろいろなルールを考える余地があります。IT時代の到来で、技術的な弊害は減りました。パソコンからの投票についても本人認証が問題になっていますが、これは遠からず解決できるのではないでしょうか。これからはネットで投票が当たり前になるかもしれません。やはり最後に残るのは、想像力の壁ではないでしょうか。

いろいろなご意見があるでしょう。みんなでもっともっといい仕組みを考えて、つくって、実現していきたいと思います。

どうもありがとうございました。次回は最終回です。

・多数決は絶対ではない、むしろあまり性能の良くない決定の仕方かも

・民主主義に何を求めるのか（迅速で責任ある決定か、少数派を排除しない合意か）

・偶然による決定を排し、より多くの人の納得が得られる決定法は

・選挙制度にはもっと工夫の余地あり

第5講

民主主義を使いこなすには

1 未来への意志

今回は最終回です。月一回の講義ですから、最初の講義からもう五か月が過ぎたことになりますね。この間にも世界はめまぐるしく変化しています。将来振り返ると、みなさんは人類の歴史のなかでも非常に変化の激しい時期に青春時代を過ごしたと思うかもしれません。

ちなみにフランスを代表する知識人の一人にジャック・アタリという人がいます。この人が最近書いた本で次のように言っています。

今後、人類が自滅することなく一〇〇年後も文明が存続し、未来の歴史家たちが今日の人類の暮らしぶりに興味を抱くと仮定しよう。そのとき未来の歴史家たちは、二〇一七年の人類が「大破局」を予見したのに、これを阻止するための地球規模の革命を起こさなかったのはなぜか、と疑問を抱くに違いない（ジャック・アタリ『2030年ジャック・アタリの未来予測——不確実な世の中をサバイブせよ！』林昌宏訳、プレジデント社、二〇一七年、一〇頁）。

どきっとする発言ですね。彼は二〇一七年を「大破局」を前にした年であると言っているのです。アタリは本の中でいろいろな問題を指摘しています。高齢化する世界人口、移民問題、地球環境の悪化、気候変動、加速する富の偏在、貧困化する先進国の中産階級、脆弱な国際金融システム、失われる報道の自由、民主主義の後退、保護主義の拡がり、社会や家族の崩壊、カルトと原理主義者の台頭、地政学的戦略の混乱と暴力の再燃、などです。当然、二〇一六年のブレグジットやトランプ大統領当選といったことも、彼の念頭にはあったはずです。

しかし、逆に言えば、アタリはこれらの問題を前に、人類にはまだまだやるべきことがたくさんあると言っているのです。人々はなぜ「大破局」を目前にして立ち上がらないのか。彼の歯ぎしりするような思いが伝わってくる文章だとは思いませんか。

それでも、僕はこの講義でみなさんに、「日本や世界にはこれだけの問題がある、大変だ」と言いたいわけではありません。問題があることはみなさんも当然ご存知でしょう。いたずらに悲観的になるより、大切なのはそのような問題にどう取り組んでいくかです。みなさんが勇気を持って未来に進んでいくために、少しでも役に立てればと思い、僕はこの講義をしてきました。

やはりフランスの哲学者によるものですが、「悲観主義は気分によるものであり、楽観主義は意志によるものである」という言葉があります（アラン『幸福論』）。未来について悲観的なことはいくらでも言えます。ひょっとしたら悲観的なことを言う方が知的であるよ

なんかもう
なにもかもダメだぁ
気分
やるって決めたら
できる気がする!!
意志

うに見えるかもしれません。しかし、彼によれば、悲観主義は単なる気分なのです。きちんと問題を見据えた上で未来に向かって進んでいくためには、むしろ確固とした意志が必要です。

みなさんが強い意志を持って未来に向かって進んでいくにあたって、まずぶつかるのは政治の問題でしょう。それはなぜなのか。そもそも政治とは何なのか。そしてどのように問題を乗り越えていくべきなのか。これらの問いをもう一度考えるために、これまでの講義の内容をここで簡単に振り返っておきたいと思います。

復習1――変わりゆく世界と〈私〉

第1講のタイトルは「変わりゆく世界と〈私〉」でした。映画『バック・トゥ・ザ・フューチャー』の話をしたのを覚えていますか。

この映画の中で、主人公たちは一九八五年から三〇年前の世界へと逆戻りし、その後さらに三〇年後の世界へと向かいます。一九八五年の時点で過去を振り返り、未来を予測した映画と言えます。この当時、三〇年後の世界では日本が世界を支配しているとまじめに思われていました。それくらい、この時期の日本企業には勢いがあるように見えていたのです。しかし、実際に三〇年がたってみてどうだったでしょうか。それとはまったく違った世界に、いま僕らは住んでいます。要は、未来予測は外れるということです。だからこそ、みなさんもあまり短期的な視野に立ってものを考えないでほしいという話をしました。

一方で考えてほしいのは、世界は僕らが自覚している以上に変わっているということです。たとえば、いま世界の人口は約七三億人、その半分以上はアジアが占めています。ここ二世紀ほどの間は、いわばヨーロッパやアメリカを中心とする時代でした。それと比べると、人口の点でも経済力の点でも、いまや世界の重心は非欧米地域、とくにアジアへと移動しています。日本、中国、韓国などの東アジアだけでなく、中東まで含めた広い意味でのアジアが、世界を主導していく時代に入ったのです。世界で最も高いタワーも、最も広い工場も、最高級のホテルも、全部アジアにあります。

ただし、このように人口においても経済力においても世界の重心がアジアへとシフトしているなかで、日本では歴史に前例のないスピードで少子高齢化が進んでいます（そして多くのアジア諸国がそれに続くと予想されています）。

僕は今日ここに来る前、大学のゼミ合宿をしていました。湖のほとりの大きなホテルでしたが、中はガラーンとしていてさびしい雰囲気でした。季節が悪かったのかもしれませんが、僕らが子どもの頃、行楽地はいつもファミリー層でいっぱいでした。子どもたちが走り回って、お父さんがヒイヒイ追いかけているような光景が、日本のどこでも見られました。

ところがいまや、東京からほど近いこの町ですら、九月となると閑散としているのです。夜、歩いていても聞こえてくるのは外国語ばかりです。日本語はほとんどと言っていいほど聞こえてきません。中国語や韓国語はもちろんですが、それ以外にも実に多様な言葉が聞こえてきました。こういった海外からの観光客によって、日本の多くの行楽地は何とか持ちこたえているのが現状でしょう。その光景は、まさにいまの日本を象徴しているようでした。

これだけ世界が変われば、矛盾も起こります。たとえば、いま、世界の富の半分は上位わずか一パーセントの人が独占している状況にあります。その一方、約一〇パーセントの人が貧困に喘いでいます。それこそトランプ大統領支持の先進国の白人労働者ではありませんが、世界のあちこちで「こんな世の中はおかしい！」と怒っている人がいるとしても不思議ではありません。

ただし、その一方で、中国やインドをはじめとした国々を中心に、いわゆる中間層の人が増えているのも事実です。世界全体で貧富の格差が生じているのも間違いないのですが、中間層の成長もまた現代世界の一側面なのです。その意味では、かつてのような先進国と発展途上国の距離は縮まりつつあります。

グローバル化は一部の人を極端なお金持ちにする一方、先進国の労働者階級を中心に、多くの没落する人々を生み出します。そういったきしみを受けて、先進国内部の民主主義が苦悶しています。そのような苦悶の中からブレグジットが生じたり、トランプ大統領のような人が出てきたりしているのです。これはある意味で、やむをえない事態と言えるでしょう。

とはいえ、重要なのは、だからといって世界がめちゃくちゃになっているわけではないということです。世界全体として見れば、平均寿命が伸び、豊かな生活を送る人の数が増えているのです。様々な深刻な矛盾を抱えているものの、世界は前に向かって進んでいると思います。

そうした時代に生きる人々にとって気になるのは、世界の中での〈私〉ではないでしょうか。一人ひとりの個人が、自分をかけがえのない存在として認めてほしいと願っています。自分の声を聞いてほしいと思っています。しかしながら、多くの人の実感は、「自分の存在なんて、誰にも認められていない」ではないでしょうか。「私の声は、どこにも届いていない」、そう思っている人が少なくないはずです。

そのような人々の思いが、いまや巨大な政治変動を生み出しています。「自分たちのことなど、ワシントンの連中はどうせわかってくれない」「ニューヨークの金持ちは、自分たちのことを無視している」という不満こそが、トランプ大統領を生み出しました。まさに「〈私〉の声はどこへ行くのか」、この問題こそが世界を揺さぶっているのです。

復習2――働くこと、生きること

第2講では、過労死で亡くなった女性の気の毒な事件について話しました。あるいは、この授業は政治がテーマのはずなのに、と思った人もいるかもしれません。とはいえ、政治とは永田町や霞が関の人たちだけの問題ではありません。政治がみなさんの生活や人生と直結していることを理解してもらうために、このテーマを選びました。

この女性の事件をめぐっては、さまざまな議論がありました。長時間労働を強いた会社が悪いという意見もあれば、それくらい働くのは当たり前だという声もありました。問題は、それが彼女だけの問題、あるいは、彼女の会社だけの問題ではないということです。問題は、実は、みなさんの働き方ひとつをとっても、そのあり方は、実は時代によって大きく変化しています。そして働き方をめぐる仕組みや制度をつくるのは政治なのです。

たとえばみなさんは、お父さんがサラリーマンで、お母さんが専業主婦という組み合わせを、何となく昔から続く働き方だと思っていませんか。でも、これは実はすごく新しい仕組みなのです。一九七〇年代の高度経済成長以降のものと言っていいでしょう。昔の日本では、お父さんもお母さんも一緒になって農作業をしたり、一緒にお店に立ったりするのが当たり前でした。お父さんが会社でサラリーマン、お母さんは家で専業主婦という具合になったのは、つい最近のことです。そして、このモデルはすでに崩れつつあります。

関連して、「ジョブ型」と「メンバーシップ型」という二つの働き方を紹介しましたね。日本の企業では、「あなたの仕事はこれです」とあらかじめ決めて雇うのではなく、とりあえず「うちの会社の一員になってください」という形で雇用をするのが一般的でした。いまの日本はこのような「メンバーシップ型」が大きく変容している最中ですが、欧米的な「ジョブ型」に移行しつつあるとも言い切れない状況です。そこに非正規雇用労働が拡大し、とくに女性に非正規雇用が多いなど、ジェンダーによる格差が絡んで問題を難しくしています。これからはフルタイムの人もパートタイムの人も、同じ仕事をしたら同じ賃金をもらう、いわゆる「同一労働同一賃金」を目指そうと言われていますが、なかなかそのとおりになっていません。ある意味で、多くの人にとって働きにくい社会になっています。

働き方をどうしたら変えていけるか、これを決めるのも政治なのです。亡くなった女性の事例も、個人として気の毒だとして片づけるのでなく、どうすれば男性も女性も自分の人生に合わせて自由に働き方を選んでいける社会にしていけるのか、これを考えるべきです。多くの人が少しでも満足のいく仕事と暮らしを実現するために、社会は何をすべきか。社会として、どのような働き方を目指すか。このようなことを考えるのも、政治の仕事なのです。

この世は不平等ではないか、という話もしましたね。世の中に存在するさまざまな不平等のうちにはやむを得ないものがあるかもしれません。それでも、この不平等は認めるわけにはいかない、という限界もあるのではないでしょうか。どの不平等を、どの程度まで許容するか。これは現代の政治哲学にとって、とても重たい問いです。

みなさんの中には、やはり自分の力で頑張ることが大事だという意見もありました。一方で、人生のスタート地点から極端に差がついているのは、不当だという声もありました。どちらも大切な意見です。問題は両者の間に、どのようにしてバランスを取るかです。本人の責任としての不平等があるとしても、本人にはどうにもならない不平等もあります。その線をいったいどこに引くか。そして、本人の責任とは言えない不平等を、社会としていかに是正していくのか。

政府のなすべき役割についても考えました。実際に聞いていくと、みなさんの意見の中にも、ある種の「揺らぎ」のようなものがあったように思います。たとえば、北欧に代表されるような、税金も高いけれどサービスも充実している大きい政府と、サービスは少ないけれど税金も安い、いわばアメリカ的な自己責任型の小さい政府のどちらを選ぶか。みなさんの圧倒的多数は北欧型支持でした。しかしながら、その一方でみなさんは税の負担が増えるのもいやだと答えました。

それはいわば、「サービスがたくさんほしいので、大きい政府がいいです。でも税金を払うのはいやです」と言っているようなものではないでしょうか。それは矛盾した意見ではないかと、僕はあえてみなさんに挑発的に聞きました。みなさんからは、いくら税を払っても本当に意味のある使われ方をしているのか疑問だ、という意見がありました。それはそれでもっともな意見です。

ある意味で、まさにそれが日本の現状でしょう。高齢者が増えている結果、社会保障費はどんどんと増加しています。しかしながら、税負担の拡大にも拒否感がある。国の赤字がどんどん膨らみ、国債という名の借金をし続けているわけです。はたして、いつまでそれを続けていけるのか。続けていくべきなのか。こういったことを考えるのも政治です。

復習3——人と一緒にいることの意味

第3講では、とても本質的な政治の話をしたつもりです。教室内カーストの話が出ましたね。人間はやはり一人では生きていけない。友だちや仲間がほしいけれど、人と一緒にいれば、それはそれでしんどいこともある。

時代のキーワードは「つながり」と「接続性」です。いまや世界はネットでもつながっているし、僕の訪ねた湖の町には、サミットでもやるのかというほど国際色豊かな人たちが集まっていました。日本は世界と否応なく接続しているのです。一方で、中国は「一帯一路」という政策を推進しています。いわば世界の陸路と海路を開発し、巨大な物流のネットワークを中国主導で構築しようとしているのです。もはやこの構想に対して日本が無関係でいることは不可能でしょう。すでに日本の地方都市の中には、この構想に組み込まれているところがあります。

なるほど確かに人も、情報も、物流もつながっている。巨大なネットワーク社会の中に、僕たちは生きているのです。でも、つねに人や情報につながっていることは、同時に多くのストレスをもたらしますよね。僕もツイッターやフェイスブックをやっていますが、何かを書き込むたびに、その反応が気になります。「誰か『いいね』を押してくれるかな」と、それればかりが気になってしまう。朝起きると「わあ、三つ『いいね』がついている。世界の人は僕を無視していなかった!」と思ってしまう。

でも、それって何だかおかしいですよね。何も僕らは「いいね」を押してもらうために生きているわけではありません。それなのに、何だか「いいね」を押してもらうために行動するようになってしまうのです。二四時間、人の反応を気にしながら生きるのは、とても疲れることです。それなのに、僕らは少しでもインターネットに接続できないと、とても不安な気持ちになってしまいます。「つながる」ことは素晴らしいことだけれど、どこかそこには中毒的なものがあるのでしょう。

「つながる」こと、「接続」することと同じくらいに大事なのは、あえて「切断」することなのかもしれません。常時ネットに接続することで、ぼくらは絶えず情報の流れにさらされています。そのことによって得るものが多い一方で、神経が高ぶったり、疲れてしまったり、感情が不安定になることもあります。時にはあえて、そのような情報の洪水から自分を「切断」し、一人きりになってものを考える時間も必要なのでしょう。ネットをオンにする瞬間とオフにする瞬間をどう使い分けるか、そのための知恵が重要になってきているると思います。

ちなみに、友だちはほしいし、つながりは持っていたいけれど、つねにつながっているのもしんどい。「弱いつながり」という話を紹介したとき、反応してくれた人が多かったのも、そのせいかもしれませんね。家族や親戚、学校や職場の仲間、隣近所の人とのつながりは強く、簡単には切れません。とはいえ、いつも会っているということは、同じような情報を共有して生きていることでもあります。これに対し、視点の違う有益な情報をもたらしてくれるのは、むしろときどきしか会わない「弱いつながり」の知り合いなのかもしれません。あえていつも一緒にいる人ではなく、違う人と会ってみるのも、生きていく上での知恵なのでしょう。

そこからさらに、政治思想史の話へと展開していきました。よく政治で民意と言われるけれど、本当に社会の一つの共通の意志なんてあるのでしょうか。この問題を考えた思想家としてルソーを、そして彼の問いを引き受けた思想家としてカントとヘーゲルについて考えました。

肝心なのは、一人ひとりが自分らしくあることです。どうしたら、自分のことは自分で決められる一方で、他の人たちと共に暮らしていけるか。このことを正面から考えたのがルソーでした。ルソーは偉い人のように思われているかもしれないけれど、一緒にいたら、きっと面倒くさい人だったに違いありません。魅力のある、才能のある人ではあるけれど、人一倍傷つきやすく、いったん人を疑い出すとそれが止まらなくなる。思ったことをすぐ口に出し、文字にもしてしまう。現代であれば、ひっきりなしにツイッターに投稿して、しょっちゅう炎上しているタイプの人かもしれません。

誰よりも自分であることにこだわりつつ、それでも他の人との一〇〇パーセントのコミュニケーションを求めたのがルソーです。こういう思いは、わがままなのか、いやここにこそ政治の考えるべき最重要のポイントがあるのではないか。そう思ったルソーが一生懸命に考え、書いたのが『社会契約論』という本でした。

ルソーはけっしてわがままだったのではありません。その問いは普遍的なものでした。

自分が自分らしくありながら、他人とつながるにはどうしたらいいか。自分が自分のボスでありながら、同時に周りの人とも意味のある関係を保っていくにはどうしたらいいのか。これこそ、すべての人にとって重要な課題であると同時に、政治が本質的に抱える課題なのです。その後、カントやヘーゲルがそれぞれにこの問いを深めていきました。そして、最終的な答えはまだ見つかっていません。問いはそのまま、僕らに残されているのです。

復習4——選挙について考えてみよう

とはいえ、政治といえばやはり選挙です。選挙で一票を投じることで、僕たちは主権者として政治に参加することができますが、「決める」ことがいかに難しいかを第4講で考えました。

よく、「民主主義とは多数決である」と言います。それは本当なのでしょうか。実を言うと、多数決は決め方の唯一の方法でもないし、それほど出来がいい方法でもありません。三つ以上の選択肢があるとき、多数決はしばしば恣意的な結論を出してしまいます。往往にして「漁夫の利」を得る候補が出てきてしまうのです。その結果が世界を動かした例をいくつか検討しました。

単純に相対多数を得た候補者や党を勝者としてしまって良いものか、いろいろなパターンを想定して、みなさんに計算してもらいました。ところが、現実の選挙制度を見ると、正直なところ首をかしげるような制度や仕組みがいまもたくさん残っています。本当にこれでいいのでしょうか。ボルダ・ルールや二回投票制についても触れましたが、まだまだ工夫の余地はありそうです。

それにしても、みなさん、本当に計算が早かったですね。感心しました。その優秀な能力を活かして、より良い方法をこれからもぜひ考えていってほしいと思います。

ちなみに、かなり実験的な考え方だけれど、「世代別選挙区」や「分人民主主義」についても検討しました。地域ごとに選挙区をつくるのではなく、世代ごとに選挙区をつくることで、何とか若者の声を政治に反映させようとするのが世代別選挙区の発想です。一方、「分人民主主義」の考え方は、一人の一票をいくつかに分割して投票したり、逆に自分がいいと思う人に票を委ねたりするものです。

もちろん、これらはまだ思考実験にとどまり、反対意見が多いのが実情です。とはいえ、何が最善かはまだわからない以上、「決め方」についての検討は今後も続いていくでしょう。

まとめると

- 〈私〉を〈私たち〉にするために何が必要か
- 不平等や格差をどこまで、誰が是正すべきなのか
- 人とつながるのは難しい
- 選挙のやり方にはまだまだ工夫の余地がある

2 僕らの意志を社会に反映させるには

選挙しか手段はないか

デモクラシーとは何かと問われたら、僕は「私たちの問題を私たちで解決しようとすること」と答えるでしょう。しかしながら、これが簡単ではないのです。

いま振り返ってみたように、現代においては、格差や不平等を社会がどの程度是正するかが大きな課題です。しかしながら、民主主義はこの問いになかなか答えを示せずにいます。人とつながるというのはとても素晴らしいことですが、難しいことでもあります。選挙で私たちの共通の意志を見つけよう、民意を実現しようと言うけれど、そのための最善の仕組みがなかなか見つかりません。投票の翌日には「民意の審判が下った」と新聞は書きますが、そんな民意は、いつも後知恵でしか見出せないものかもしれません。

みんなばらばらです。一人ひとりのばらばらの思いが複雑に絡み合って、独特なダイナミズムを生み出している、それが政治の現実です。そのような中、僕たちにとって本当に決め方は選挙しかないのでしょうか。選挙以外にも、僕たちの意志を反映しながら社会を変えていく方法はあるのでしょうか。政治は政治家だけのものではありません。一人ひとりが安心して、希望を持って生きていくにはどうしたらいいのか、このことを考えるのが政治なのです。

海士町の挑戦①――発想を変えてみる

選挙だけが政治ではないとしたら、他に何があるのでしょうか。今回はそのあたりを、僕自身が見て回った経験を踏まえてお話ししたいと思います。

まず、「海」の「士」と書いて、海士町《あまちょう》です。新聞やテレビでときどき話題になるのですが、聞いたことがありませんか。島根県にある、本土から六〇キロも離れた島です。

隠岐の島といっても一つの島ではありません。たくさんの島があるのですが、その一つに中ノ島があります。その中ノ島にあるのが海士町という小さな町で、人口はわずか二三〇〇人ほどです。日本の離島の多くは人口が減る一方で、その存続すら危ぶまれていることは、みなさんご存知ですよね。ところが海士町は、かなり状況が違うのです。この島にはなんとIターンでやってきた移住者が三〇〇人以上もいるのです。Iターンについて、聞いたことありますか。もともと居住していた人がいったん都会などに出て、その後に再び戻ることをUターンと言います。それに対して、もともと縁もゆかりもない地域に移住するのがIターンです。つまり、海士町では、島の出身ではないのに、いまは島で暮らしている人が一割を超えているのです。しかも若い人が多く、その定住率が極めて高いことで知られています。

そのようなIターンの人たちの中には、日本の名だたる大企業を辞めてきた人もいます。

海外からやってくる人もいて、とても多様です。島の玄関口である港にも若い人が多く、「おや、この島は何か違うぞ」と思わせてくれます。

この島にも当然少子高齢化の問題はあります。それに加え、かつては財政が悪化の一途をたどり、積み重なった借金の重みで二進も三進も行かないという状況にありました。合併という選択肢もありましたが、島の自治体ですから、隣の島と合併しても、組織の合理化という意味ではあまり効果がありません。どうしようもなくなった海士町では、島民をあげて改革に打って出たのです。

まずは町長はじめ職員のみなさんが給与の一部を返上して、そのお金でＣＡＳ（セルアライブシステム冷凍）というシステムを導入します。細胞を殺さずに瞬間冷凍する装置で、高価な機械でしたが、島の産物を外に売るための手段ができました。問題は何を売るかです。

海士町のおもしろいところは、若い人の力に期待したことです。もちろん島には若い人はあまりいませんから、日本中から募集することになります。とは言っても、そんな不便な離島に、なかなか人は来てくれませんよね。そこで考えたのが、研修生の制度でした。この島に永住してくれとは言わない。住居と最低限の暮らしは保証するので、一定期間島に住んで、島のいいもの、おもしろいことを見つけてくれないか。もしいいアイデアが出てきたら、それを町の力で商品化してみる。そのように提案したのです。

いろいろな試行錯誤がありました。でも、いまや海士町では話題の商品がたくさん生まれています。有名なところでは、「さざえカレー」です。この島では、肉の代わりにさざえをカレーに入れるのが定番でした。地元の人は当たり前に食べていたのですが、外から来た人が「おもしろい」と言い出すことで、レトルト食品になったのです。そうしたところ、大ヒットしました。ついには安倍晋三首相が国会の所信表明演説で触れるほどの話題になりました。

他には、隠岐牛《おきぎゅう》の例があります。これは島で元々は建設業者をしていた人が始めたものです。隠岐の島は断崖絶壁が多いのですが、よくそこを牛がのんびりと歩いている姿を見かけます。一年の多くの期間、牛を放牧しながら育てているのです。そのため牛の足腰は鍛えられ、質の高い牛肉を得ることができます。ただ、ネックは本土との距離でした。輸送コストや時間を考えると、本土の牛肉とは、価格では競争にならないので、これまでは稚牛のうちに違う場所に売っていました。その地のブランドとして販売されるので、島にはあまりお金が落ちませんでした。いい牛はいる、でもコスト面で勝負にならない。みなさんだったら、どうしますか。

鍵となったのは発想の転換でした。安さで競争しても勝てないのなら、日本で一番質の高い牛をつくればいい。そこで、隠岐牛というブランドをつくりました。いまや松阪牛よりもおいしいという評判で、東京の市場で高い価格で売られています。思い切り質を上げて本当においしい肉にすれば、少々値段が高くても買ってもらえる。コスト面の差を補える。これは発想の転換による成功例です。

似た例には、岩牡蠣の春香《しゅんこう》もあります。岩牡蠣というのは収穫シーズンが決まっているのですが、隠岐の島では他の地域とは違う時期に岩牡蠣がとれる。そこで全国的に品が手薄な時期に出荷することで、自らの価値を高めたのです。自分たちが他と違うということは、それだけではとくに意味がありません。違いをどうすれば価値にできるか、そこにはアイデアが必要なのです。アイデアは、実は外から来た人から得られることがあります。地域の人には当たり前のことが、外から来た人の目にはめずらしく映るものです。そこにヒントが隠されているのです。海士町の研修生の制度は、そこに目をつけたものと言えるでしょう。

海士町の挑戦②——新旧住民による「熟議民主主義」

それにしても、なぜこんなに多くの若者が移住したのでしょうか。島で活躍する若者の一人に、トヨタ自動車を辞めて移住してきた阿部裕志さんという人がいます。阿部さんに「トヨタ自動車の方が給料がいいのに、よく思いきれましたね」と聞いたことがあります。するとも阿部さんは、こう答えてくれました。「もちろんトヨタ自動車の方が給与はいいのですが、そこで働いているときは、自分でなくてもいいという感覚がありました。ところが、この島では自分でなければならない、自分がここで必要とされているという感覚があるのです」。自分が必要とされている感覚が大切だというのは、わかりますよね。阿部さんは仲間と一緒に会社をつくり、いまでも島を盛り上げています。『僕たちは島で、未来を見ることにした』（木楽舎）という素敵な本も出していますので、機会があれば読んでみてください。

海士町がいいなと思うのは、外からこの島にやって来た新住民と、もともと住んでいた旧住民とが一緒にまちづくりにかかわっているところです。しばしば外から来た人が活躍する一方、元々の住民とは距離感があるという例が、各地で見られます。これに対し海士町では、新旧住民が一緒になって町の未来を論じ合っているのです。

自治体には総合振興計画というものがあります。今後、この自治体で何をしていくかを書いたものですが、「道路や橋をつくります」、「住みよい街をつくります」、あとは数字だけが書いてあるようなものも少なくありません。ところが海士町の振興計画はそれとは違います。実際に新旧住民が集まり、テーマごとに議論を重ね、それをまとめたものだからです。この計画そのものが興味深いのですが、とくに別冊が付いていて、これがおもしろい。タイトルは「島の幸福論」。島の住民を思わせるキャラクターが、島の名産であるしゃもじの顔をして登場しています。それぞれのページに、「海や山を駆けめぐれ。未来のリーダー、ガキ大将を育てる」といったフレーズが並びます。

大切だと思うのは、冊子が、「ひとりでできること」、「一〇人でできること」、「一〇〇人でできること」、「一〇〇〇人でできること」という具合に構成されていることです。最初はお年寄りの集まれるコミュニティ・スペースをつくろうとか、地域の竹を使って何かをつくろうといった提案から始まり、島のラジオ局とか、次第に話のスケールが大きくなっていきます。これを読めば、よし自分も何か始められるぞと思えるのではないでしょうか。

島の新旧の住民が集まり、時間をかけて、このような具体的なプランを一つひとつ考えていき、そして実現する。これはまさに民主主義ではないでしょうか。島は追いつめられていました。もはや、島に元々いる人、外から来たよそ者と言っている場合ではありません。すべての人が協力するしかない、とくに若い人の力を借りよう。そう思ったときに、人々が集まって議論をし、行動に移したのです。政治学でよく熟議民主主義ということが語られますが、海士町の人が実現したのはまさに熟議民主主義だと思いました。

第4講で話しましたが、人々の民意を測ることは容易ではありません。ただ投票して、それを集計するだけでは、それを本当に民意と呼べるか疑問が残ります。そこで、ただ投票するのではなく、そこにみんなで議論をする過程を入れてみてはどうだろうか、というのが熟議民主主義の発想です。最初、何も議論をせず、みんなに投票してもらいます。そのあと集まって議論をしてもらうのです。必要な情報も提供します。結果として、だいぶ人の意見は変わることが実験などによって明らかにされています。逆に言えば、何の議論もせず、いきなり投票だけするのは、民意の測り方としてはだいぶ乱暴であることがわかります。もちろん、すべての国民に実際に議論をしてもらうのは不可能ですが、現実の民主主義にもう少し人々の議論の過程を組み込むことは、いろいろ考えてみる余地がありそうです。海士町の人は巧まずして熟議民主主義を実践していることになります。

議論
まず投票……
うーん
うん
やっぱりこっち

3 プラグマティズムの民主主義

心が変われば習慣が変わる

もう一つ、これも僕の著書『民主主義のつくり方』(筑摩選書)で取り上げている話ですが、アメリカのプラグマティズムの思想を紹介しましょう。

まずは、この言葉を聞いたことはないですか。「心が変われば行動が変わる。行動が変われば習慣が変わる。習慣が変われば人格が変わる。人格が変われば運命が変わる」。聞いたことある人いますか?

——(数名挙手)

何人かいますね。読売ジャイアンツやニューヨーク・ヤンキースで活躍した松井秀喜さんという野球選手がいますよね。彼はまじめな読書家で、座右の銘を問われて答えたのが、この言葉だったそうです。ウィリアム・ジェイムズ(一八四二—一九一〇)というアメリカのプラグマティズム思想家の有名な言葉です。

たとえばみなさんが、明日から自分はまったく違う人になるぞ、バリバリ勉強して、クラスでも積極的に発言するぞ、町でおじいちゃんおばあちゃんを見かければ明るくあいさつするぞ、と思っても、なかなか実現は難しいですよね。いきなり人は変われないものです。

それでも、ウィリアム・ジェイムズはこう言います。まずはちょっとだけ決意する、そうすると行動が変わる。たとえば一日一回は街で会う人に挨拶をしてみてはどうか。学校で警備員さんに「おはようございます」「さようなら」を言ってみるのです。ちょっとだけ行動を変えて、繰り返していると、それがだんだんと習慣になってくるのです。そうなればしめたものです。次第次第に、あなたのイメージも変わってきます。それが積み重なれば、あなたの人格さえも変わるとジェイムズは言います。

人格なんていうと、変えるのが難しいように思いますよね。しかし、ジェイムズに言わせれば、人格というのは、あなたをつくり上げる習慣の集合に過ぎないのです。逆に言えば、習慣を少しずつ変えていけば、自ずと人格も変わっていくのです。

よくキャリア教育とかいいます。あのキャリアとはどういう意味だと思いますか。キャリー（Carry）という英単語の意味はわかりますか？

——運ぶ。

そのとおりです。昔のことだから、何で物を運んだのでしょうか。自動車ですか？

――馬車。

そう、馬車です。馬車が走ると轍《わだち》ができます。舗装されていない凸凹の道は、前の車がつくった轍をたどると楽に進めます。轍の残っているところがだんだん道になっていくのです。これがキャリアの語源です。何人もの人が通ってきた結果できあがった道筋のことをキャリアというのです。毎日同じことを繰り返していれば、それがだんだんその人のキャリアになり、やがてキャラクター、すなわち人格ができあがっていくのです。そうして人格が変わっていくと、やがて運命も変わります。

まあ、いかにもアメリカ人らしい発想かもしれませんね。ドイツ人のカントやヘーゲルが難しい議論を展開するのと比べると、アメリカのプラグマティズムはとてもシンプルです。心を変えたければまずは行動を変えよう。一回だけではダメで、習慣にしよう。そのような習慣が積み重なれば人格が変わるし、人格が変わればやがてあなたの運命も変わっていく。ものすごく高邁な哲学には聞こえませんが、ある種、人生の真理を突いていると思います。

プラグマティズムは、現代を生きる僕らに合うのではないでしょうか。一人ひとりの人間がまずは自分の習慣から変えていく。それが重なれば、自分の運命だけではなく、社会そのものも変えていけるのではないか。プラグマティズムの思考はそのように展開していきました。

プラグマティズムのもう一人有名な思想家、ジョン・デューイは、民主主義とは一人ひとりが実験していける社会のことではないかと主張しました。ルソーが言うように、社会の共通の意志を実現するのが民主主義ではなく、むしろ各個人がそれぞれの人生をかけて、自分の思いを試してみるのです。結果として社会も変わっていくのではないかというのが、プラグマティズム的な民主主義理解です。

僕は、いまはこちらの民主主義理解の方がいいかなと思っています。

習慣の力と実験の力

みなさん、どこかでこの人の顔を見たことがあるでしょう。アメリカ公民権運動の指導者、マーティン・ルーサー・キング・ジュニア牧師（一九二九―一九六八）です。キング牧師といえば、「私には夢がある（I have a dream）」という演説で有名ですよね。南北戦争の後も、法律的には解放されたはずの黒人に対する差別は依然として残りました。このような差別と戦ったキング牧師は、諦めることがありませんでした。いつの日か、みんなが真に平等な社会が実現することを自分は信じている。だから「私には夢がある」というわけです。

それでも、ただキング牧師が演説すれば、それで現実が変わるというわけではありません。なぜ公民権運動が盛り上がっていったのかを、ニューヨークタイムズ紙のチャールズ・デュヒッグという記者が分析した本があります。『習慣の力 The Power of Habit』（講談社＋α文庫）です。このタイトルは、ウィリアム・ジェイムズの言葉から来ています。

公民権運動の始まりはこうです。ローザ・パークスという黒人女性がバスの座席に座っていると、運転手から「お前、立て」と言われます。黒人は白人に席を譲れというわけです。これに反論して従わなかったパークスは逮捕されてしまいます。そのような法律だったのです。これはおかしいということで、友人たちが抗議をしたのですが、無視されてしまいます。このままでは活動継続も難しくなるということで、支援者たちは毎週時間を決めて集まり、市役所前で抗議をすることにしました。毎週、同じ時間に同じ場所に集まり、「ローザ・パークスを解放しろ」と要求したのです。

この結果、何が起きたのでしょうか。それまで活動に参加していなかった人の中から、少しずつこの集まりに加わる人が増えてきたのです。パークスの逮捕をおかしいとは思っていたけれど、自分は何をすればいいのかわからなかった人たちが大勢いました。そうした人たちが、「ここに来ればいいのか」と集まるようになったのです。まさに「習慣の力」ですね。次第に人数が集まるようになることで運動が拡大し、そこにキングさんが来て演説をしたわけです。

言葉だけではなかなか人は動きません。それでも、少しずつ習慣化された変革の動きがすでにあり、それに弾みがついた段階でキングさんの言葉が加わったからこそ、爆発的に運動が発展したのです。

もちろん、それで問題が一気に解決したわけではありません。いまでも差別の構造は残っています。それでもいろいろな実験を繰り返すことで、少しずつではあれ社会を変えていこうとするのが、プラグマティズムの民主主義です。

すべてが完璧に準備されてから行動するのでは、時間が過ぎるばかりです。とりあえず、やってみよう、そしてその結果を見て、修正すべき点は修正していこう。そういう発想です。うまい具合にいけば、それをみんなが真似するようになります。それはやがて習慣となり、社会を変えていきます。一つの革命ですべてをいきなり変えようとするのではなく、実験を重ねていくのが、プラグマティズムです。現代のようになかなか一つの正解が見出せない時代において、プラグマティズムは有効なやり方だと思います。

4　現代の民主主義はどこにある？

実験し、真似が広がっていけば、社会は変わる

もう一人紹介したいのが、駒崎弘樹さんです。テレビなどに出演することも多いので、ご存知の方もいるかもしれません。

駒崎さんは、「フローレンス」という認定NPO法人を創設し、運営しています。駒崎さんが「フローレンス」を始めたのは、まだ二〇代のときでした。フローレンスの主な事

業は「訪問型病児保育」です。子どもって、よく熱を出すんですよね。みなさんも親御さんを困らせたことあるでしょう。親が「今日は忙しいぞ、頑張らないと」と思っている朝に限って、子どもは熱を出すのです。たいした熱ではないかなと思って保育園に送り届けたりすると、しばらくして「おたくのお子さんが熱を出しました。引き取りに来てください」と電話がくるわけです。病気の子どもは預かってもらえないのです。お父さんもお母さんも仕事をしている場合、どちらかが休まなくてはならなくなり大変です。

そんな病気の子どもを安心して預けられるサービスはないのでしょうか。病院に入院するほどではないし、ベビーシッターをお願いするにしても、急な話だと手配がつきません。お金もかかります。

そのような状況の下で、駒崎さんは訪問型の病児保育サービスを始めます。専門の施設をつくると、とてもお金がかかります。そこでむしろそれぞれの自宅に保育スタッフを送り、さらに専門の小児科医の往診を受けられるようにしたのです。アイデアですよね。もちろん、いろいろ課題はありました。

子どもが熱を出すのは、だいたい冬季ですよね。それ以外の季節など、あまり需要のない期間が長いので、民間企業にはなかなか手が出せませんでした。そこでフローレンスは掛け捨ての会員制度をとったのです。サービスを利用しない季節も会費を払い、いざというときは面倒を見てもらう。この会員制度でフローレンスは成功しました。

ちなみに、この制度はやがて厚生労働省などにも採用されます。そこで僕は駒崎さんに聞きました。「せっかく苦労して思いついたアイデアを、そのまま使われてしまって悔しくありませんか」。これに対し、駒崎さんはむしろ喜んでいると答えてくれました。なぜなら、駒崎さんのアイデアが多くの人に受け入れられたことを意味するからです。駒崎さんは初めから「社会を変える」ことを目指していたと言います。でも、「社会を変える」とはどういうことなのでしょうか。駒崎さんによれば、自分がアイデアを出して、その結果、それまでみんなが利用できていなかった新たなサービスが社会に提供されるようになったならば、それは社会を変えたことになるのです。

先ほど、プラグマティズムの話のときに「習慣の力」という言葉が出てきましたよね。いいアイデアを誰かが思いつき、それを実践していると、その習慣は誰かが真似るようになるのです。みんなが「いいね」と思うような習慣は、あっという間に社会に伝播する力を持っています。結果として、社会は変わるのです。もし自分で政治家になり、有力な政党の一員となったとしても、法律をつくり、予算をつけ、想いを実現するまでにはかなりの時間がかかります。これに対し、新しいサービスを自分でつくって、それが社会に普及すれば、あっという間に社会は変わるのです。

駒崎さんは「税金を通じて社会を変える」とも言っています。この認定NPOがやっている事業がいいなと思えば、そこに寄付をすることで税が控除されます。結果として、自分がいいと思う事業のために、自分の税金を使うことになるのです。これも画期的な仕組みですね。みなさんは前に、「いくら税を払っても本当に意味のある使われ方をしているのか疑問だ」と話していましたよね。その意味で、認定ＮＰＯへの寄付をうまく使えば、自分の税金の用途を指定できることになります。なるほど、税を通じて社会を変えることもできるのだと、感心しました。

税金は取られる一方だと思っていたけれど、社会を変える手段にもなりうると思えば、少しは払いたくなりますよね。社会を変えるとは、実はこういうことの積み重ねなのかもしれません。各自がさまざまな実験をし、うまくいけばみんながそれを真似して、「習慣の力」で社会が変わっていく。それも政治だと僕は考えています。

・一つの民意がなくてもデモクラシーは可能

・すべての人が実験をすることが許される社会

・人と人とがつながる（＝ソーシャルになる）ことの力

・自分のいる場所から変えてみる、税金も社会を変える方法

5 ハンナ・アーレントのメッセージ

最後に、ここが女子校ということもありますが、僕が尊敬する女性思想家を紹介したいと思います。

ハンナ・アーレント（一九〇六―一九七五）という二〇世紀の政治思想家です。最近、映画にもなったので、名前を聞いた人もいるかもしれません。『人間の条件』（ちくま学芸文庫）や『全体主義の起原』（みすず書房）といった著作を残しています。ユダヤ人である彼女は、ナチス・ドイツに追われてアメリカに亡命しました。結果として、彼女は全体主義を経験した二〇世紀という時代にあって、人間の生きる意味や政治の意義について考えました。アーレントの言葉には、とても印象深いものがたくさんあるので、そのうちのいくつかを紹介しますね。

1.「思考しないことが凡庸な悪を生む」

アーレントの著書に『イェルサレムのアイヒマン――悪の陳腐さについての報告』（みすず書房）という本があります。ナチス・ドイツでユダヤ人を大量虐殺したアドルフ・アイヒマンという人物の裁判記録です。逃亡したアイヒマンは南米アルゼンチンで捕まり、イスラエルで裁判が行われたのですが、アーレントはこの裁判をずっと傍聴しました。

あのナチスで何百万人を殺した責任者です。どのような凶悪な人物だろうかと思いますよね。ところが、裁判でアイヒマンは、「いいえ、私は上の人に指示されてやっただけです」「忠実に職務を実行しただけです」と繰り返すばかりでした。

アーレントは考えます。世の中には巨大な悪がある。それを行うのは悪魔のような人物にちがいないと思いがちだけれど、実は違うのかもしれない。多くの場合、悪を実行する人間は、このアイヒマンのようにごくごく平凡な人だ。このような凡庸な人が思考を放棄したとき巨大な悪が生まれる。アイヒマンは感覚が麻痺した結果、自分のサインで多くの人が殺されることに何も感じなくなってしまった。そのために彼は、来る日も来る日も何も考えず、ただ書類にサインをしていった。その結果、何百万人ものユダヤ人が殺されたのだ、と。

少しでも想像すれば、自分が何をしているのかわかったはずです。ところが、人はしばしば思考停止の状態に陥ります。凡庸な人が何も考えなくなるとき、巨大な悪を生み出すのです。これが二〇世紀の人類の経験でした。世の中には巨悪と言えるような人もいるかもしれないけれど、多くの場合、ごく普通の人が、どこか感覚が麻痺して思考停止に陥った結果、

悪を生むのに加担してしまうのです。僕らだって思考をしなければ、何らかの悪に加担してしまう可能性だってあります。

2．「世界に住むのは一人ではなく、複数の人間である」

次の言葉です。「世界に住んでいるのは一人の人間ではなく複数の人間である」。政治とは何かを問われたアーレントは、そう答えました。人間は一人で生きているわけではない。世界はつねに複数の人間によって構成されているのです。

複数の人がいれば、意見が違うのは当たり前です。感覚が違う人、考え方が違う人、そもそも話の通じない人、世の中にはたくさんいますよね。逆にみんなが同じになっては、世界は死滅してしまいます。複数の、互いに異なる人間がいるからこそ世界があり、そこに政治が生まれるのです。世界に存在する多様な人間のあり方を否定するのは暴力です。複数の人が一緒に生きていこうとするのが政治であり、それが脅かされることで大量虐殺を繰り返したのが二〇世紀でした。

3．「人々が自由であるのは、人々が活動している限りである」

みなさんは、自由というと、制約や拘束がなく、自分で好きなことができることだと思っているかもしれません。でも、アーレントに言わせれば、それは違います。彼女のキーワードは「活動《アクション》」でした。活動とは、他の人と言葉を交わし、共に何かをすることです。

もしそのような活動がなければ、あなたはいつまでも一人のままです。一人で孤立することが自由ではありません。むしろ他の人に声をかけ、共に何かをするとき、むしろ人は自由を感じるのです。独特な定義ですね。

4.「人間が生まれてきたのは始めるためである」

僕が最も素敵だと思うのが、この言葉です。

人間は何のために生まれてきたのか。この問いに対し、アーレントは「人間が生まれてきたのは始めるためである」と答えた。何かを始めること、プラグマティズムではありませんが、最初はささやかなことかもしれません。でも誰かと何かを始めなければ、世の中は変わっていきません。何かを始めて最終的に素晴らしい成果が生まれるかもしれないし、生まれないかもしれない。でもとにかく「始める」ために人間は生まれてきたとアーレントは言います。すてきな言葉ですよね。

ハンナ・アーレントが生涯テーマにしていたのは政治でした。人間が自由になるためには、他の人と共に活動し、世界をつくっていくことが重要です。人間は何かを始めるために、生まれてきたのです。これからもみなさんが仲間と共に、新たな世界をつくっていくことに期待しています。

これがこの講義の最後のメッセージです。どうもありがとうございました。

放課後の座談
講義を振り返る

誰もがかかわる政治

宇野　講義も緊張したけど、座談会はもっと緊張するね。まずは講義の感想を聞いていきましょう。どうでしたか？

Aさん　長時間、人の話を考えながら聞くことが普段ないので、五回の講義がすごく楽しかったです。グループで話すのも楽しくて、ああ、いいなって。

宇野　それはよかった。Bさんは？

Bさん　ルソー、カント、ヘーゲルのこと、高一の時に倫理で習ったときにはあまり興味がなかったのですが、今回の授業で興味が湧いてきました。あと、自分が選挙権を持ったときには、選挙制度から考えた方がいいなと思いました。

宇野　それでは、あとで理想の選挙制度を聞くからね。

Bさん　ぎゃー、超無理！

宇野　でも、ルソーってあんな変な人だと思っていた？　いまなら絶対ツイッターで炎上しているよね。

全員　あはははは！

宇野　自分は自分らしくありたいけれど、みんなと一緒にもいたい。どうすれば両立できるのか。僕は、ルソーは迷惑だけど、悪いやつではないと思う。

Bさん　考え方は変じゃないと思いました。集団の中にはいたいけど、自分自身のやりたいことやこだわりも通したい、と私も思います。それをさらに奥深くまで考えると、『社会契約論』になるんだろうなと感じました。

宇野　その結論がいいかどうかは別にして、ああいうことを考えたのは、わからなくもないよね。

Cさん　私、大学では国際関係や言語、文化を学びたいと思っていて、そのときに役に立てばいいなくらいの感じでこの講義を受けたのですが、すごく自分のためになりました。

宇野　法律とか政治って、やはり縁がない感じ？

Cさん　お堅いイメージがあります。この講義も最初はすごく緊張していたのですが、意外と身近なことが中心だったので、入りやすかったです。

Dさん　私はまだ中学三年生で……。

宇野　そうか、最年少か！

Dさん　倫理も習っていないし、政治や経済も基礎的なこともまだやっていなくて。でも小さい頃から法律とか社会制度といった物事を動かす仕組みに興味があったので、気軽な気持ちで参加したんです。はじめはすごく難しくて、理解するのが大変でした。自分は割と考えている方かなと思っていたら、考えられていないことが多く、もっと情報を集めて自分で考えていかなくちゃ、と動機づけになりました。

宇野　仕組みをつくるというのは難しい問題だよね。国民全員がみんなまじめで、いつも公共のことを考えているならば、世の中は自ずとよくなるかもしれないけれど、それはありえない。だから、枠組みやルールが必要になるんだよね。

Eさん　私は高校一年生ですが、理系を選択したので、政治を将来勉強しようと考えているわけではありません。それでも一八歳選挙権もあるし、これから政治がどんどん身近になってくる。そうなる前に考えておきたいと思って参加しました。もっと政治政治した講義かと思ったら、自分たちの身近なことを中心にお話しくださったので、誰もがかかわる政治や選挙を新たな観点から見ることができて、とても楽しかったです。

宇野　理系では、どういう方面に行こうと思っているの？

Eさん　宇宙が好きなので、そちらの方面に進めたらいいのですが、最近はＡＩ（人工知能）とかＩＴにも興味が出てきました。やりたいことがたくさんあるので、とりあえずは勉強頑張ろうかな、と思っているところです。

宇野　ＡＩは間違いなく政治を変えるよね。いままで人間がやってきたことの多くをＡＩがやるようになると、人間に残された、本当に人間にしかできないことって何だろう？

Eさん　技術は進歩しても、人間の考え方って凝り固まっているから、そんなにすぐに進化することはないんじゃないでしょうか。

宇野　深いね。人間ってそう簡単に変わらないよね。

Eさん そう思います。ＡＩが人間を超える分野はいつか現れるでしょうけれど、人間がやらなければならないことも、まだあるんじゃないかと感じます。

政治は、面倒くさい？

宇野 ところで、政治って面倒くさくない？ いまＡＩの話が出ましたが、ボタンを押せばＡＩが自動的に物事を調節してくれるなら、話し合いよりも楽だと思いませんか。たとえばクラスで修学旅行先を決めるときだって、みんな積極的に意見を言うかな。それよりも下を向いてスマホを見て、ＬＩＮＥか何かでポチッと押して投票したほうが簡単じゃないですか？

全員 （激しく頷く）

Aさん 顔を見て話し合うのが大事とは思いますが、どうしても毎回意見がぶつかっちゃう人っている。あんまりぶつかるくらいなら、携帯使った方がいいかも……。

宇野 みんなの意見が最初から同じなら、政治なんていらないよね。どう見ても違う意見があるし、必ずしも趣味や価値観の合わない人とも一緒にいなければならない。だからこそ、政治が出てくる。

Aさん ちょっと、心が疲れる……的な。

全員 あははは

宇野 クラスの話し合いでぐちゃぐちゃになったとき、みなさんは「こうしようよ！」というタイプ？ それともじっと待っていて、みんながどっちに行くのかなあ、と様子を見るタイプ？

Aさん ちょっと様子を見て本当にまとまらず、どうしようもなくなったら、周りの何人かに、「落ち着け、落ち着け」と伝えて、テンションを下げます。

宇野 さすがだねえ、そうか、みんなのテンションを意図的に下げる役割も大切だね。どう、Ｂさんは？

Bさん 人数が多くなるほど意見ってたくさんあるわけで、ぶつからないようにするのは不可能だと思うんですよね。でも、この人と意見がぶつかったら人間関係が崩れるかも、と考えると、意見を言いたくなくなってしまう……。

宇野 わかるわかる。これ以上しゃべったら、ますます意見が対立しちゃうというとき、どうする？

Bさん　それぞれの意見ごとにボスが出てくるのを待って、ボスが収めてくれれば、まあいいかな、という感じです。

宇野　これもまさに、政治の話だね。みんなでわっと言い合ってどうにもならないとき、違う意見ごとに分かれて、代表者同士で話をすればまとまりやすい。どうしても、仲良しグループのようなものができると思うけど、それ以外の人とも話すことはある？

Bさん　私は特定のグループというよりは、席が近い人と話す感じです。席替えがきっかけになります。

宇野　席替えか、それは重要かもしれない。自分と同じ意見の人たちで集まって、その間でばかり議論しているから、ますます同じ意見が強化されていく。ネットだってそうだよね。気がつくと、意見の違う人とは対話もしないし、そもそも意見の違う人がいるのかさえピンとこなくなり、分極化が進んでしまう。
だとすると、政治にも席替えがあるといいね。どうしたらいいだろう。いままで仲良くなかった人と無理やり顔を合わせるようにする仕組みって、何かあるかな。

Bさん　現在の選挙区は地区ごとに選挙区が分かれているから、その地区にいる、特定の考えを持った人たちが地区内で固まる。別の地区の中でも、その地区の同じ考えの人がまた別のグループをつくって、固まる。同じ考えを持った別々のグループの人たちが集まることはないから、席替えみたいに入れ替えるのは、難しいように思います。

宇野　選挙区のつくり方って確かに難しいね。いまは地域ごとに分けているから、人を入れ替えることはなかなかできない。でも逆に、同じ地域に暮らしているからといって、同じ意見の人ばかりではない。否応なく違う意見の人と話し合うから、それはそれでいい気もするんだけれども。それでは、地域割りではない選挙区って、どういうものが考えられる？　たとえば世代別選挙区というのもありますね。

全員　あーー。

宇野　いま、どこに行っても若者は少数派でしょう。いっそのこと十代選挙区とか二十代選挙区とか、世代ごとに選挙区をつくれば、人数は少なくても間違いなくその人たちだけで議論できるし、自分たちの代表を選べる。どうかな？

Bさん　確かに、代表者を出すのに人口の多い少ないは関係ないと思います。でも、世代が同じだからといって同じ意見というわけじゃないし、人数の多いグループではやっぱり意見のぶつかり合いは起きてしまうのではないでしょうか……。

宇野　結局、議論しなければならないという点では同じかな？　Cさん、どう？

Cさん　話し合いをしていくと、お互いの人間性が見えてきて、自分の役割が出てきますよね。

宇野　役割かー。

Cさん　「私は口下手だから静かにしてよう」とか、「あの子しゃべるのが上手だから、発言してもらおう」とか。周りと比べて自分を意識しすぎて、どんどん話し合いができなくなって、一部の人しか発言しなくなることもあると思います。

宇野　しゃべるのが上手な人って、やはりいるよね。Cさんは自分の役割をどう捉えている？

Cさん　中学の頃までは義務感もあり、すごく頑張って発言していたのですが、高校に入ってからは周りがすごい子ばかりなので、ちょっと自信をなくしていま

す。いまも、本当に自分に信念があれば、言いたいと思いますが、そんなに強い信念を持って生きているわけじゃないので……。

宇野　よくわからないときに、何か言えと求められると困るよね。でも政治なんて、多くのことがそうじゃない？　なんとなくモヤモヤしていて、どちらかと言われてもわからないことが多い。それなのに賛成か反対かを決めなくてはいけない。

ルソーも、あんなに「みんなの意志が大切だ」と言っていながら、『社会契約論』には、いざ決めるときには、「それぞれが分かれて考えよう」と書いているように見える箇所がある。みんなで決めようとすると、「Eさんどう言うかな。え、Aさんそう言うの、それなら私も」と、どうしてもつられてしまう。だから、ものを決めるときはコミュニケーションを取らない方がいいという考えもあるけど、どう思う？

Cさん　うーん、でもそうすると、右翼っぽい、左翼っぽい、極端な意見が出やすくなってしまわないでしょうか。

宇野　そうか、みんなで議論していれば、みんなの手

前、このあたりにしなければならないと思うけれど、もし完全に分かれてしまい匿名性もあったら、かなり極端なことを言ってしまうかな？　これもおもしろい意見だね。やはり、みんなの目があるからこそ、自分の中で抑制するものがあるのも確かだね。

全員　（大きく頷く）

宇野　まあ、その抑制がいいか悪いかは問題だけど、よくわかります。リアリティがあるなあ。Dさん、どう？　政治、面倒くさくない？

Dさん　でも、面倒くさいのが大事なのかなという気もしていて。

宇野　おおっ、またいいこと言うね！

Dさん　ＡＩに何でもパッとやらせたら、楽だとは思います。でも機械をポチッと押して決めるのに慣れていくと、だんだん意欲が薄れてしまう気がするんです。「どうせすぐ決まるんだよね、ふーん」という気持ちになる。

宇野　私が投票しなくたって、みんなが決めてしまうよね、って。

Dさん　はい。いろんな人の意見を聞くこと自体が大切だし、相手に伝えることで自分の考えが深まることもあります。機械やＡＩの発達によって、結果を出すことは簡単になるかもしれないけれど、大事なのは過程ではないでしょうか。簡単に結果が出せるからといって過程が失われていったら、もう本当に人間なんていらないんじゃないかな、と思うんです。

宇野　人間は互いに話すことで変わるし、その過程が大切。これも民主主義の本質だね。多数決で決めるだけなら、「いっせいのせ」で決めてしまえばいいわけです。でも、一緒に議論していると、「ふうん、そうか」と歩み寄ることもあるし、話した分だけ遠ざかることもある。いずれにしても変わるからね。その過程こそが人間だという意見は重要ですね。Ｅさんはどう思います？

Eさん　政治は面倒くさいと思います。でも、私は中学生の頃から模擬国連に参加していて、ディベートが好きなんです。模擬国連でもやはりリーダーが出てきます。発言力のある人がどんどん話を進めてしまうと、シャイな人は発言できなくなります。

人間は一人ひとり性格も癖も違うし、役割が出てくるのは仕方がないのかな、とも思います。後で「自分たちの意見が通らなかった」とかってグジグジ言うのは、「めんどくせえ！」って感じです。その場で言えばいいのにと思っちゃう。

宇野　みんなが正々堂々と意見の言える人だといいんだけれどね。誰もが自分の意見をきちんと言えるのが民主主義の前提だと思いがちだけど、世の中の多くの人は、なかなか言いたいことも言えない。なんか頭の中でぐるぐる考えているかもしれない。

Eさん　自分の意見を通そうとする人ばかりになると、それはそれでまた複雑になるなとも思います。リーダーって、二種類あると思うんです。自分のやりたいようにガンガン引っ張っていくリーダーと、周りの意見を気遣ってみんなを拾っていくリーダーと。拾ってあげられるリーダーの存在は、すごく重要だと思います。

宇野　最近、「サーバント・リーダーシップ」と、よく言うよね。いまの時代に必要なのは、みんなにつくして、「あなたはどう考えているのだろう？」と聞いてあげられる人という考え方だね。クラスにも、きっとそういうリーダーもいるよね。

全員　います、います。

宇野　いろいろなリーダーがいるのは重要だね。

世界は同じじゃない——中高生の国際政治観

宇野　ところでいま、模擬国連という言葉が出たので、みなさんの国際政治観を聞いてみたいと思います。東アジアの勢力図が変わったり、テロがあったり、アメリカが暴走したり、イギリスのEU離脱があったりと、世界がよくわからなくなってきている昨今です。みなさんは世界に対してどういうイメージを持っていますか？

Aさん　正直よくわからないです。国際ニュースと国内政治のニュースとで、スケールが違いすぎると感じています。

宇野　将来、海外で働きたいと思う？

Aさん　日本からあまり出たくないです。ご飯おいしいし、平和だし。日本っていいなあって思います。海外で働くのはかっこいいなとは思うんですけど、「頑張ってね」、「話は聞かせて！」という感じです。
宇野　アジアはどう？
Aさん　おいしそうだな、と思いますけど……。
全員　（爆笑）
宇野　食べ物から入るのかー！　ミサイルが飛んできたらどうする？
Aさん　落ちてきたら死んじゃうな、とぼんやり思っています。そのときはそのときなので、それまでいい関係を保てたらいいと思います。
宇野　Bさんはどう？　世界に対してどういうイメージ持っている？
Bさん　そもそも民族によって考え方は違うじゃないですか。考え方が違う人をまとめるのは難しいし、意見が対立するのは当たり前だと思います。でも、言葉の攻撃なら自分が違う意見を出すことで止められるけど、北朝鮮が何も言わずにミサイル飛ばしてくる感覚はまったくわからないし、そこで武力で反撃してしまうのもどうなんだろうと思います。もっと有益な話し合いをできないのかな、と。

宇野　口でどれだけ激しく非難し合ってもいい。でも、そこでいきなりポカリと殴られたら、これはもう血で血を争うことになる。どうすれば言葉レベルの戦いに持っていけるか。それでも、いきなり殴ってくる人がいたら、それに対しては殴り返した方がいい？
Bさん　時と場合による気がします。武力以外に対抗策が考えられるなら、当然やり返さない方がいい。やり返せば、もっとエスカレートしてしまうと思うからです。国同士なんだから、国益を持ち出すとかして、北朝鮮に関しても、武力を使わずにもっとできるんじゃないでしょうか。
宇野　手段はいくらでもあるよね。まず口で話すのも必要だし、経済的に「こうすればお互い儲かるよ」と誘う手もある。T先生、すごいですね。みなさんちゃんと堅実にものを考えているじゃないですか。
T先生　そうですねえ。私も展開が早くてちょっとついていけません。
全員　（笑）
宇野　どうです、いま生徒さんたちは国際政治に関心がある感じしますか？

T先生　いやあ、本当に二極化していると思いますね。外交官になりたいとか、国際的な舞台で働きたいという子は二、三割でしょうか。ただ、世の中で言われているほど海外志向かというと、必ずしもそうではない。Aさんのように、日本の中にいたい人が多いんじゃないでしょうか。

宇野　Bさんはどう？　将来海外で働きたい？

Bさん　働ける機会があるんだったら働いてみたいなという感じはしますが……。

宇野　「何が何でも私、日本を出たい！」というわけでは……。

Bさん　ないです。先日、中学一年の弟宛てに「海外留学してみませんか？」というダイレクトメールが来たんです。弟に「行きたいと思わないの？」と聞いたら、「外国人と理解し合える気がしない。言語の問題より根本的なところで、僕の考え方と合うかどうかわからないし、交流する必要性を感じない」と言われたんですよ！

宇野　うーん。お姉さんとしては、それは違うんじゃないかと思っている？

Bさん　極端すぎると思いました。弟だって、友達とグループを組んで、ゲームしたりしているんです。でもその一方で、リアルでは集団活動といえば部活ぐらいで。みんなと一緒にやってみたいという気持ちが、あまりないのかもしれません。

宇野　そうなると政治は難しくなるね。いろいろな人がいるけれど一緒にやっていかなければならない、というのが政治の前提であって、そもそも「違う人と一緒にやってもしょうがない」となると、政治なんてなくていいということになりかねない。

Cさんはどう？　将来、海外行きたい？

Cさん　行けるなら行きたいです。私、中国語を勉強したくて、勉強した中国語を使っていろいろな人と会話をしたいし、機会があれば仕事もしてみたいです。

宇野　かなりポジティブ派だね。で、どう？　いまの国際関係は。

Cさん　外国って、私たちには考えられないようなことが起きるけれど、そこにはその地域の人たちが持っている歴史や風土が関係しているんじゃないかと感じています。だから実際に行ってみたいし、歴史も見てみたい。とくに中国とか韓国に行ってみたいです。
宇野　アジア志向なんだね。アメリカはどう思う？　アメリカで働きたいとか思わない？
Cさん　えー、あんまり思いません……。
宇野　アメリカに距離感があるんだね。僕らの世代は「アメリカ＝経済大国、世界のリーダー、自由と民主主義の国」というイメージだったし、留学もまずはアメリカという感じがあった気がするけど、いまはむしろアジア、韓国とか中国なんだね。Dさんはどうですか？
Dさん　海外には行ってみたいです。とりあえずアメリカでもイギリスでも、英語を話す国に行きたいです。暮らすのは日本がいいけど、異なる価値観の環境に自分を置いて吸収し、自分の凝り固まった概念を形成し直すことは大切なんじゃないかと思うからです。
宇野　偉いなあ。いろんな価値観の人に出会ったりするのって、大変だと思うけど。
Dさん　やってみたいです。自分が思っていることが正しいとは限らないし、ほかの人がしていることも正しいとは限らない。だからこそ、自分なりの正しさを探すには、違う人との交流が大切だと感じます。
宇野　世界について思うのは、どの国も同じ歴史の、違う時点を歩んでいるということです。いま日本はここの到達点にいて、別の国はまだここにいて、結局は進んでいく。そういう流れを見ているのがおもしろいです。
宇野　現在の中国を見ても、昔の高度成長期の日本もこんな感じだったろうなと思うし、いずれ中国も少子高齢化や経済成長が止まる時がくる。一種のタイミングですよね。その意味ではお互い学び合うこともできるわけだけどね。Eさんはどうです？　海外行きたい？
Eさん　行きたいですね。
宇野　おっ、躊躇なく言い切ったね。
Eさん　やはりアメリカに行きたいです。アメリカならお金があるから、宇宙の研究もできると思いますし。プライベートでは、アジアにすごく行きたいです。もともと両親が中国や香港の文化が好きなのでその影響もありますが、食べ物もおいしいし、音楽にも興味があるので。言語を学んだり、違う価値観と交流したりするのも楽しそう。行きたいです、海外。

宇野　かなり前向きだね。いまの日本をめぐる国際関係はどう思う？

Eさん　怖いなと思います。みんなも言っていましたが、価値観の違いも大きいです。地理的に近いアジアでも、日本と韓国、中国でみんな考え方が違う。北朝鮮だって、なんであんなことするんだろうって思います。ましてやヨーロッパなんて、歴史も成長の仕方も国民性も違う。いろんな国とかかわっていくことは重要と思いつつ、はっきり言って、世界全部が一つの考え方にまとまろうとするのは無理があると思います。いろんな考え方の人がいるせいでこじれているのは、正直面倒くさいです。

宇野　みなさん基本的には、世界っていろいろで、かなり価値観や考え方が違うという感覚が当たり前なんですね。僕らの頃はまだ「世界平和！」を夢見ていたというか、みんな民主化して平和になればいいという感じでしたが、世界は結局そんなに単純じゃないし、みんなで同じ方向を向いて同じ理想を持つのは難しい。みなさんかなりリアルな国際政治観を持っているんだなと、感心しました。

「たくましいお姫様」の時代

宇野　次に考えたいのは、女性として今後、社会で生きていくことについてです。今回、女子校で講義をするというのは実はかなりドキドキでした。大学の講義で政治学を受講する人は、やはり男子学生が多い気がします。そういう学生さんは「××制度ですよね」とか、「〇〇っていう政治家がいましたよね」とか、かなり知識豊富、逆に言えば知識好きな人が多い。今回の授業ではむしろ、知識から入るのではなく、一人の人間として生きていく上で、どうすればお互いに仲良くやっていけるか、という実感から政治を考えてみようとしました。この学校でならそういう話ができるのではないかと思って来たのですが、期待を十二分に満たしてくれました。みなさんにはとても感謝しているんです。

大手広告代理店の女性の過労自殺の話を第2講で取り上げましたね。日本社会は男女平等に向かってもちろん努力していますが、あまりにも変化のスピードが遅い。まだまだ女性が一人の人間として働き、家庭と両立するのは大変とも言われます。みなさんはどう感じていますか？　「ガラスの壁」という言葉もよく耳にしますよね。ある程度までは「対等」だと思ってやっていたら、気がついたらガラスの壁があったと。

Aさん　私、家では兄弟に挟まれた真ん中で、親にも「お前は次男だな」と言われて育ったんです。でも最近になって、女の私だけ教育方針が違うことに気づいてしまいました。兄も弟も、とりあえずスポーツやらせておけという感じだったのに、私だけ「お前は女の子だから、もう少し勉強しなさい」と言われて。「あっ、嫌だな」と思いました。

いままでは言われるからやるという感じでしたが、これからは自分が本当にやりたいものをやりたいと思っています。

宇野　「女性だから勉強しなさい」というのは、違和感があるよね。人間として生きる上で、男も女も関係ない。性別をとくに意識しないで生きていける社会がいいけれど、現実はどうもそれとは違う。日本社会は一見、男女平等に見えて、実際は違うと言われる。Bさんはどう？　あまり感じたことない？

Bさん　女性は男性よりも弱い、力がないと思われているなと感じます。でも、先日保健の授業で、最近は中心となる労働形態が肉体労働から第三次産業、サービス業になってきたと聞きました。確かに肉体労働なら男女で差がありますが、サービス業なら女性でもできるし、発言権も強くなってきていると思います。

一方で、「女性は下がっていろ」という風潮はまだまだありますね。タブレット端末を使った集計なら、女性も遠慮なく意見を表明できるので、ＡＩやインターネットの発展は女性の進出に大きな役割を果たすのではないかと思います。男女がより平等になれる社会はもうすぐそこにあるんじゃないかな、と。

宇野　ＡＩ時代に男女の差はない、というわけだね。さらに、人の気持ちに寄り添う感情労働であるサービス産業では、女性が優位に立つとも言われている。でも、職場に女性が少ないというのは不利だよね。女性議員の少なさについてはどう思う？

Bさん　うーん。最近、女性議員の不倫問題がやたらと大きく報道されますよね。すごく違和感を覚えます。

確かに、国民の代表が不倫していると思うと気分は良くないけれど、それって政策と関係あるんですか、と思っちゃう。あんなに大事（おおごと）にする必要、あるのでしょうか。

宇野　政治家の資質とプライベートは別問題だよね。

Bさん　男性が不倫してないかと言われたら、絶対している。

全員　（爆笑）

Bさん　女性ばかり取り上げるのは、ずるいです。

宇野　本当にそうだよね。そういう点でも女性議員は難しいと思いますけど、でもやはり一定数いたらいいですよね。大学のゼミでも、女性が一人、二人だと黙ってしまうか、みんなの目を意識して、ある種の役割を演じてしまうけれど、三割以上いると全然雰囲気が違う。Cさんは、どうですか？

Cさん　私自身は自分のやりたいことをやりたいなと思うのですが、母にはよく、「あなたは大人になったらいい男の人と結婚して、子どもを産んで、私に孫の顔を見せるのよ」と言われます。子どもを産むことを強制されているみたいで、ショックを受けたというか……。

宇野　結婚して子どもをつくることがすべての前提で、それ以外のことはプラスアルファみたいに言われると、「えっ」と思っちゃうよね。でもいま日本社会では、結婚する人の割合はどんどん減っています。現在女性の生涯未婚率一五パーセントくらいですが、みなさんの世代ではさらに上昇するといわれています。結婚しない人の方が多くなる社会では、子どもを持つことが当たり前という意識は変えていかなきゃいけない。Dさんはどうですか？

Dさん　いまは女の人が頑張る時期なのだと捉えています。女性は家事と仕事を両立するものと思われていますが、それって逆に考えれば、女性が優秀だからじゃないでしょうか。男の人はできないから女の人がやる、応能原則というか。だから私はこういう社会でも前向きに頑張ろうと思っています。

宇野　うーん、なるほど。要するに男がちゃんとやるべきことをやっていないということだね。

Dさん　そういうことじゃないですけど……。

宇野　これからは誰もが家事と仕事と両立するのが当

たり前なのに、男の人はその能力を開発しないでいるってことだよね。それとも、男の子には生きにくい社会なのかな。

Dさん そうかもしれません。女性が強くなってきていて、巷でも「女尊男卑」みたいなことが言われていますし。

宇野 ははは、なるほど。Eさんはどう思う？ 男女の位置関係について。

Eさん 女性も自分のやりたいことを堂々と言える社会になってきていると思います。おとぎ話では王子様はお姫様を守るっていうけど、私たち、守られているだけじゃ嫌なんですよ！ 自分でやりたいことがあるんです。王子様に対する憧れはもちろんありますが、男性のヒーロー願望に縛られて生きるのはいや。たくましいお姫様が増えてきたんじゃないかな、と思います。

宇野 たくましいお姫様か、いいなあ、それ。

Eさん 家庭の中でも、権力を持っているのって、女性じゃないですか。

宇野 やはりそうですか。

Eさん うちも母の方が圧倒的に強いです。

全員 わかるわかるー！

Eさん 職場ではまだ男性が優位にいるのかもしれませんが、女性の力は確実に伸びてきているし、力が発揮される社会になってきているとも思います。

政治を身近なものにする

宇野 この授業の重要なメッセージの一つは、選挙だけが政治ではない、自分たちの力で社会を変えていくことこそが政治だ、ということでした。みなさんはまだ中高生だけど、何かやれることがあるはずだ、それをみんなで考えてみようと伝えて講義を終えましたが、その後どうでしょう。いま社会を変えるために何ができる、あるいはやりたいと思います？

Aさん 一八歳になって選挙権を持ったときに、何もわからない、どの人に投票したらいいかわからないというのでは遅いので、ちゃんと自分で考えて理解する力をつけたいです。

ニュースで新しい法案について見ても、よくわからないし、国会議員には寝ている人もいて、なんでそんな人にお給料払ってるんだろうと思ったり。

全員 (笑)

Aさん いろいろ言いたいことはありますが、それもまだ自分にはちゃんと理解できていない。まずはちゃんとわかるところから始めるべきかなと思いました。

宇野 わかっていれば発言できるものね。鵜呑みにするのではなく、自分で理解できるようになるには、やっぱり勉強しなければいけない。

Bさん 家のポストに政治家のチラシが入っていて、エレベーターを上がりながら見たりするのですが、書いてある政策について考えるより、ついその人の野心とか裏を探りたくなってしまいます。もしかしたら、より大きな勢力に取り込まれることで、自分の勢力を大きくしていこうという目論見があり、その観点から書かれたスローガンなんじゃないかとか、考えてしまいます。

宇野 なかなかおもしろいことを言うね。確かにそういうのが、透けて見える候補者っているよね。でもそういう工作をしているおじさんたちを無視して、自分で何かやりたいとかは思わない?

Bさん 自分の意見を出すより、どうなるかなって見ているのが楽しいんです。裏の目論見はきっとどこかで結果として出てくるので、それを「やっぱりね」と見るのを楽しんでいるところがあります。

宇野 結果からチェックしようというのは、政治の見方としては正しいかもしれないね。

Bさん でも私みたいなタイプがいると、政治への不信感がどんどん大きくなってしまうとも思います。

宇野 不信感といっても、「もうどうでもいいから勝手にして」というのではなくて、「私は見てるわよ」というものだからね。国民一人ひとりが一票を投じた後も、私が選んだ政治家は何をしているんだろうと、じっと見つめていくことは大切だね。そうすれば政党にも緊張感が出てくるんじゃないかな。Aさんは自分たちが物を見る目を持つというリテラシー派だし、Bさんは「私はちゃんとチェックしてるわよ」という。そういうふうに政治を変えていくのはすごくいいですね。Cさんはどう思う?

Cさん 政治はニュースを見ても、何やっているのか理解できないことが多いので、もっと身近なところに目を向けたいです。私はボーイスカウトに入っていたので、よくボランティアに参加していました。街頭で赤い羽根共同募金を「くださーい！」って呼びかけたり。

宇野　あれ、みんな募金してくれる？

Cさん　近くのお店の人が哀れそうに入れてくれるくらいで、追い払われることも多かったですが、小さなことでもいいから、やろうという意識を持つことがまず第一歩だと思いました。

宇野　いいな。政治家が初心に帰って何をすべきか、みんながちゃんと言ってくれるような気がする。

Dさん　学校でいま、時事ネタを集めて発表し、自分の考えを述べたりする「新聞発表」という活動をしているんです。あれが始まってから、クラスで政治の話をよくするようになりました。「トランプこうだよね」とか「安倍さんこうだよね」とか。

自分が考えていることを相手に伝えて、相手の意見を聞いてまた返すのはすごく楽しいし、快感だと思うんです。だから、やっぱり政治を身近なものにすることが大事だと思います。全国から政治に関心のある学生を集めて、政治ネタを広めていくことができたらいいのかな。

宇野　なんか、僕の中学三年生のイメージがぶっ飛んじゃったなあ。

時事ネタをきっかけにして、みんなストレートに意見を言うんだね。政治教育が重要だという一方で、日本の教育現場では政権批判とか党派的なことをしてはいけないと、慎重になりがちだけども。

Dさん　大人に言われてではなくて、生徒が中心になってやるのが大事だと思います。「あ、この子が言っているなら、意識高い系の人がやることじゃないんだな」、「結構普通なんだな」と、ハードルを下げていきたいです。

宇野　仲間から言われるのが一番影響を受けるもんね。それをだんだん広げていく。いまからやれそうだね、それは。

Eさん　国会で話し合われていることはお堅いし眠いし、わけわかんないなっていうのが相変わらずの印象です。そう考えると、女子高校生である自分がいま何かしたって変わらないと思ってしまいます。でも、女子高校生だって社会の一員であることにはかわりがありません。その自覚を持って考えれば、ボランティアをしてみるとか、新しい視点で政治を見てみるとか、いろいろやれることはあるんだと思いました。そうするなかで、自分の考え方を広げていきたいです。今回の講義で、政治は身近なものだと学びました。もしかしたら、これも将来政治につながってくるかもしれないとか、意外なところにも政治のタネはあるんだ、という視点を持って、意識して生活できたらいいなと思います。

宇野　あまりに素晴らしすぎて、もう今日の結論になっちゃったね。

みなさん、言葉をちゃんと持っていますね。政治家だけが政治をやるのではない。身近なところから物事を変えていくべきだとみなさん言っていましたが、政治家になるのもありなのじゃないか、と思ってしまいました。地域の市町村議会議員になるのだっていい。みなさんみたいな人が政治の場にかかわってくれたら、世の中変わるだろうな。

本当に、若い人がこれだけものを考えているとわかってすごく心強いです。日本を悲観するおじさんたちは、きっと自分たちを鏡で見て悲観しているんだろうね。みなさんの話を聞いていたら、社会は変えていけるんじゃないかと思えたし、みなさんの考え方が、これからの日本の枠組みを作っていくのだと思いました。ありがとう。これからもずっとみなさんを応援しています。一緒に社会を変えていこう。

二〇一七年一二月一五日収録

Aさん＝高校一年生、Bさん＝高校二年生、Cさん＝高校二年生、Dさん＝中学三年生、Eさん＝高校一年生

参考文献

第1講

エズラ・F・ヴォーゲル『ジャパン・アズ・ナンバーワン——アメリカへの教訓』広中和歌子・木本彰子訳、TBSブリタニカ、一九七九年
フランシス・フクヤマ『歴史の終わり』（上・下）渡部昇一訳、三笠書房、一九九二年
アントニオ・ネグリ、マイケル・ハート『〈帝国〉グローバル化の世界秩序とマルチチュードの可能性』水嶋一憲ほか訳、以文社、二〇〇三年
トクヴィル『アメリカのデモクラシー』（第一巻上・下、第二巻上・下）松本礼二訳、岩波文庫、二〇〇五－二〇〇八年
水島治郎『ポピュリズムとは何か——民主主義の敵か、改革の希望か』中公新書、二〇一六年
宇野重規『〈私〉時代のデモクラシー』岩波新書、二〇一〇年
宇野重規『トクヴィル　平等と不平等の理論家』講談社選書メチエ、二〇〇七年

第2講

濱口桂一郎『新しい労働社会——雇用システムの再構築へ』岩波新書、二〇〇九年
濱口桂一郎『働く女子の運命』文春新書、二〇一五年
カール・マルクス『資本論　経済学批判第一巻』（I～IV）中山元訳、日経BP社、二〇一一－二〇一二年
ヴィクトル・ユーゴー『レ・ミゼラブル』（上・下）豊島与志雄訳、岩波少年文庫、二〇〇一年
トマ・ピケティ『21世紀の資本』山形浩生訳、みすず書房、二〇一四年
ジョン・ロールズ『正義論　改訂版』川本隆史・福間聡・神島裕子訳、紀伊國屋書店、二〇一〇年
井手英策『財政から読みとく日本社会——君たちの未来のために』岩波ジュニア新書、二〇一七年
井手英策『18歳からの格差論——日本に本当に必要なもの』東洋経済新報社、二〇一六年

第3講

土井隆義『友だち地獄——「空気を読む」世代のサバイバル』ちくま新書、二〇〇八年

鈴木翔『教室内《スクール》カースト』光文社新書、二〇一二年
マーク・グラノヴェター『転職——ネットワークとキャリアの研究』渡辺深訳、ミネルヴァ書房、一九九八年
東浩紀『弱いつながり——検索ワードを探す旅』幻冬舎文庫、二〇一六年
ルソー『社会契約論』桑原武夫・前川貞次郎訳、岩波文庫、一九五四年
ルソー『人間不平等起原論』本田喜代治・平岡昇訳、岩波文庫、一九七二年
ルソー「ルソー、ジャン=ジャックを裁く——対話」小西嘉幸訳、『ルソー全集』(第三巻)白水社、一九七九年
山崎正一・串田孫一『悪魔と裏切者——ルソーとヒューム』ちくま学芸文庫、二〇一四年
アルバート・O・ハーシュマン『離脱・発言・忠誠——企業・組織・国家における衰退への反応』矢野修一訳、ミネルヴァ書房、二〇〇五年
カント『啓蒙とは何か　他四篇』篠田英雄訳、岩波文庫、一九七四年
パラグ・カンナ『「接続性」の地政学——グローバリズムの先にある世界』(上・下)尼丁千津子・木村高子訳、原書房、二〇一七年
伊藤穰一、ジェフ・ハウ『9《ナイン》プリンシプルズ——加速する未来で勝ち残るために』山形浩生訳、早川書房、二〇一七年
宇野重規『西洋政治思想史』有斐閣、二〇一三年

第4講

坂井豊貴『多数決を疑う——社会的選択理論とは何か』岩波新書、二〇一五年
砂原庸介『民主主義の条件』東洋経済新報社、二〇一五年
宮本常一『忘れられた日本人』岩波文庫、一九八四年
鈴木健『なめらかな社会とその敵——PICSY・分人民主主義・構成的社会契約論』勁草書房、二〇一三年

第5講

株式会社巡の環『僕たちは島で、未来を見ることにした』木楽舎、二〇一二年
『第四次海士町総合振興計画　別冊　2009-2018　海士町をつくる24の提案』海士町、二〇〇九年

チャールズ・デュヒッグ『習慣の力 The Power of Habit』渡会圭子訳、講談社+α文庫、二〇一六年
福嶋浩彦『市民自治――みんなの意志で行政を動かし自らの手で地域をつくる』ディスカヴァー携書、二〇一四年
川崎修『ハンナ・アレント』講談社学術文庫、二〇一四年
ハンナ・アレント『人間の条件』志水速雄訳、ちくま学芸文庫、一九九四年
ハンナ・アーレント『新版　エルサレムのアインヒマン――悪の陳腐さについての報告』大久保和郎訳、みすず書房、二〇一七年
宇野重規『民主主義のつくり方』筑摩選書、二〇一三年
井手英策・宇野重規・坂井豊貴・松沢裕作『大人のための社会科――未来を語るために』有斐閣、二〇一七年

あとがき

本を刊行するにあたって、いちばんうれしいのはあとがきを書いている時かもしれません。本をかたちにするまでに、支えてくれた方々、励ましてくれた方々への感謝を言葉にすることができるからです。

この本の企画は、東京大学出版会編集部の神部政文さんからご提案いただきました。「高校や中学で政治学について講義をして、それを本にしませんか」、そのように誘っていただいたときの喜びと、それと同じくらいの不安を、いまでもありありと思い出します。

大学の附置研究所に所属する私には、高校生、まして中学生を相手に、講義をした経験はほとんどありません。それでも、たまたまここ数年、東京大学社会科学研究所における全所的プロジェクト研究「希望学」のメンバーとして、岩手県釜石市を中心とする地域社会における希望の研究をしていることもあり、いくつかの高校や中学から講演の依頼を受けたことがあります。そのたびに、感受性の鋭い、それゆえに手厳しい聞き手でもある中高生から大きな刺激を受けてきました。

彼ら、彼女らの多くは、日々指導を受ける先生方から、「大学から専門家をお招きしたのだから、ちゃんと話を聞きなさい」と言われて席に着きます。とはいえ、このスピーカーがいったいいかなる人物なのか、たいした予備的情報もなしに、その場に臨む場合がほとんどです。ある意味で、「この人は、いったい誰なんだ?」という疑問符だらけの顔をして、講師と対面することになります。

反応はビビッドです。目を輝かせて聞いてくれることもあれば、あっという間に気が散ってしまうこともあります。大学生や大学院生のみなさんを相手に講義をするのが容易であるとは言えませんが、中高生を相手にするときの難しさは特別です。それがわかっているだけに、チャレンジングなご提案であると思いました。

それでも企画をお引き受けしたのは、何らかの使命感があったのでしょう。世の中で「高大連携」「キャリア教育」等がさかんに言われているにもかかわらず、高校までの教育と大学での教育との間に、少なからぬギャップがあることは確かです。

私に近い分野で言えば、高校までに世界史や日本史、地理や現代社会、さらには政経や倫理を勉強しているとはいえ、大学でいきなり法学、政治学、経済学、社会学などを学ぶことの間には、少なからぬ距離があります。大学に入ったばかりの学生さんが戸惑うのも無理はないと言えるでしょう。

その距離を埋めるために、取り組みがさまざまになされているのは事実ですが、まだまだそのギャップは大きいと言わざるをえません。私は本書において、少しでもその隙間を埋めたいと思いました。

その意味で、本書は私なりの『学問のすすめ―社会科学篇』です。さらに言うと、この本は、私なりの『君たちはどう生きるか』（吉野源三郎著）の続編なのです。これからの時代を生きる人々に向けて、少しでも励ましとなる言葉を贈りたいと思って、この本を書きました。いまはただ、その思いが一人でも多くのみなさんに届くことを祈るばかりです。

講義の舞台をどう選ぶべきか、神部さんと私は作戦会議を開きました。「女子校がいいのではないか」と提案したのは、著者である私です。直感的な提案でしたが、政治学を知識としてはなく、「人と一緒にいる」ことのおもしろさと難しさと結びつけて理解してくれるのは、むしろ女子生徒のみなさんではないかと思ったからです。

そのような視点から豊島岡女子学園中学校・高等学校にお声がけしたところ、ご快諾をいただけました。担当していただいた同学園の鈴木健史先生、武田和久先生、田村謙典先生にはお礼の言葉もありません。三先生は社会科、国語科と専門を異にされているにもかかわらず、見事なチームプレーで、講義を支えてくださいました。すべての講義にご同席いただき、生徒さんの雰囲気を盛り上げてくださったおかげで、この本が形になりました。あらためてお礼申し上げます。

もうお一人、この本の企画を支えてくださった大切なチームメンバーが髙松夕佳さんです。髙松さんは自らの夕書房を運営される傍ら、この本の企画から記録、編集までご協力いただきました。この本が少しでも豊島岡女子学園での「生の」雰囲気を保っているとすれば、それはすべて髙松さんのおかげです。各講義の後、「反省会」と称して神部さん、髙松さんと池袋を徘徊したのは楽しい思い出です。

また本のデザインを担当していただいた文京図案室の三木俊一さんと、イラストを担当していただいたオカヤイヅミさんにも、心からのお礼を申し上げたいと思います。三木さんのおかげで、この本はとても優しい感じのものになりました。また、オカヤさんのサンプルのイラストを拝見した瞬間から、「この本のイラストをお願いしたい」と強く思いました。神部さんのご尽力で、三木さん、オカヤさんのご協力をいただけたのは、本書刊行にかかわる喜びのうちでも、特筆ハナマル印です。本当にありがとうございました。

そして、誰よりも豊島岡女子学園の生徒のみなさんに感謝したいと思います。つたない講義でしたが、最後まで参加してくれてありがとう。みんなの反応のおかげで、何とかここまで来られました。とくに座談会まで参加してくれた五名のみなさんにはお礼の言葉もありません。

ちょっとだけ残念なのは、各回におけるみなさんのグループディスカッションの内容を収録できなかったことです。実を言うと、あれが一番面白かったんだけどね。みなさんがそれぞれの分野で活躍してくれることを心から祈っています。この本はみなさん、そして多くの日本の、そして世界の未来を担う人たちへの応援メッセージです。

宇野重規

二〇一八年八月　ドイツでの講義を終えて日本に帰国した日に

2017年9月16日、第5講の終了後に

本書は「特別講義　豊島岡女子学園で考える政治の未来」（全五回）を収録し、書籍化したものです。

第1講
変わりゆく世界と〈私〉
二〇一七年五月二七日

第2講
働くこと、生きること
二〇一七年六月一七日

第3講
人と一緒にいることの意味
二〇一七年七月二九日

第4講
選挙について考えてみよう
二〇一七年八月一九日

第5講
民主主義を使いこなすには
二〇一七年九月一六日

座談会
二〇一七年一二月一五日

本書の刊行にあたっては、以下のみなさまから多大なるご協力・お力添えをいただきました。ここに記してお礼申し上げます。

豊島岡女子学園中学校・高等学校の生徒のみなさん　東桃加さん、伊庭梨紗子さん、宇戸小百合さん、茅根汐夏さん、岸さとみさん、清本桃花さん、東海林咲希さん、張瀛心さん、恒川碧音さん、寺澤穂乃実さん、豊岡真由さん、三宅瑠千晏さん、宮田実奈さん、頼佳苗さん、天野莉緒さん、石橋藍さん、尾崎里夏さん、貝原夢美さん、角谷英里香さん、金戸琴瑛さん、柄澤政恵さん、工藤友美さん、久野結子さん、小宮山愛実さん、近藤由希さん、佐藤紅さん、首藤由香さん、末永東子さん、田井遥華さん、高橋未於さん、立白優紀子さん、坪地里穂さん、出口理香子さん、永田唯花さん、中野まひろさん、原愛美さん、柳川遥さん、山根聖鈴さん、渡邉桃果さん、鈴木香織さん、鈴木ゆうりさん、古澤ユリアさん、ほか三名

豊島岡女子学園　鈴木健史先生、武田和久先生、田村謙典先生

編集協力――髙松夕佳　デザイン――三木俊一（文京図案室）　イラスト――オカヤイヅミ

宇野重規 うの・しげき

東京大学社会科学研究所教授。専門は政治思想史、政治哲学。

1967年東京都生まれ。1991年東京大学法学部卒業。1996年東京大学大学院法学政治学研究科博士課程修了。博士(法学)。

著書に、『デモクラシーを生きる――トクヴィルにおける政治の再発見』(創文社、1998年)、『政治哲学へ――現代フランスとの対話』(東京大学出版会、2004年)、『トクヴィル 平等と不平等の理論家』(講談社選書メチエ、2007年)、『〈私〉時代のデモクラシー』(岩波新書、2010年)、『民主主義のつくり方』(筑摩選書、2013年)、『西洋政治思想史』(有斐閣、2013年)、『政治哲学的考察――リベラルとソーシャルの間』(岩波書店、2016年)、『保守主義とは何か――反フランス革命から現代日本まで』(中公新書、2016年)ほか。

未来をはじめる

「人と一緒にいること」の政治学

2018年9月26日 初 版
2021年6月1日 第3刷

[検印廃止]

著者
宇野重規

発行所
一般財団法人東京大学出版会
代表者 吉見俊哉
153-0041 東京都目黒区駒場4-5-29
http://www.utp.or.jp/
電話 03-6407-1069
Fax 03-6407-1991
振替 00160-6-59964

印刷・製本
大日本法令印刷株式会社

ISBN 978-4-13-033108-1 Printed in Japan